歩いてまわる
小さなパリ

カイエ・ド・パリ編集部
荻野雅代　桜井道子

大和書房

はじめに

遠い日本で、まだ見ぬ街パリを思い描きながら旅の計画を立てるときに一番知りたいこと、でも一番見当がつかないこと。
それは、パリがどんな大きさで、1日でいったいどれだけ動けるんだろう？ ということではないでしょうか。
せっかく日本から来ても、予想と違う現実にとまどったまま、短い滞在があっという間に過ぎてしまうのはあまりにももったいないこと。実際には想像以上に小さいパリの街を、自在に歩き回って思う存分エンジョイしてほしい。そんな思いが、この本のスタート地点でした。
まるで宝箱のようにすてきなものが詰まったパリの街は、気ままにそぞろ歩いて、知る人ぞ知るブティックや隠れた穴場を発見するのが何よりの醍醐味。でもそれは、パリ初心者や時間のない人にとってはなかなか実現できない歩き方でもあります。だからこの本には、「ここを歩けばきっと後悔しないはず」、そして、「この界隈に行ったらぜひこの店に行ってほしい」という私たちなりのアイデアをたくさん盛り込みました。
ショッピングはもちろん、グルメやホテルもパリに暮らす私たちお墨付きの情報を満載。たとえ時間に限りがあっても、ありきたりな観光コースだけでは満足できないという人にも、きっと役立ててもらえることでしょう。
さあ、この本片手に、小さなパリの街を歩きはじめましょう！

この本の使い方

歩いて楽しむパリの本です

本書は、私たちが運営するパリ情報サイト、カイエ・ド・パリに寄せられる「パリの街をもっと効率的に歩きたい」という読者からの声に応えて作った『歩いて楽しむパリの本』です。

シャンゼリゼやエッフェル塔、ルーヴル美術館といった必ず訪れる有名スポットを中心に11の界隈を選び、観光の前後の時間を利用して、すべて歩いて行けるおすすめブティックやレストランを紹介しています。

新オープンの店や普通のガイドブックには載っていないレストランやホテル、パリジャンのお気に入りアドレスなどを盛り込んで、パリは初めてという人はもちろん、限られた時間しかないという人、そして何度も訪れているパリ常連さんにも満足してもらえる1冊です。

{ お店紹介の見方 }

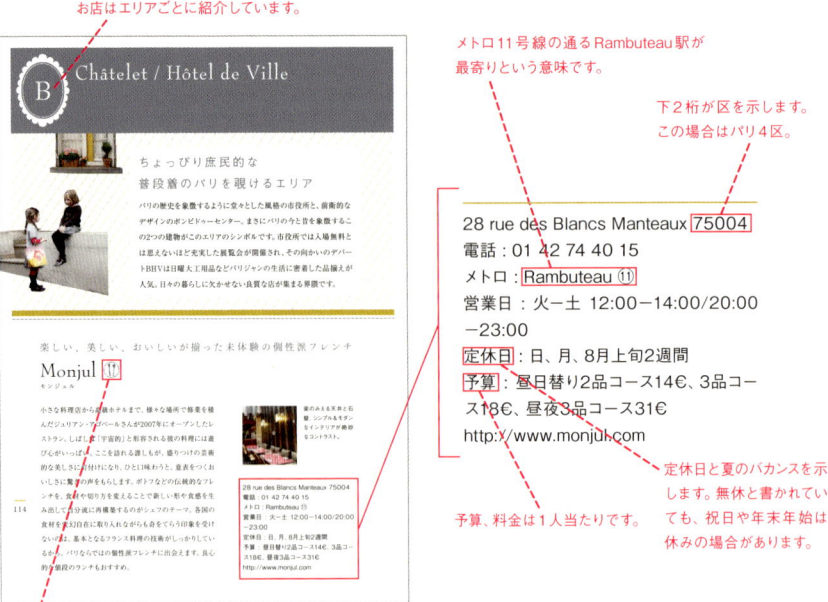

 グルメ／レストラン  ファッション 雑貨 カルチャー ホテル（ランクを示す★の数は1〜4つ）

{ 地図の見方 }

おすすめの店が集まる場所を中心に、界隈を1つから複数のエリアに分けました。迷いがちな人、時間があまりない人は、このエリアを中心にまわりましょう。

ぶらぶら歩きを楽しめる、おすすめスポットを紹介しています。

該当する界隈の周辺地図も載せています。カイエ・ド・パリのサイトや歩いて見つけたお店も自分で書き加えて、オリジナルなパリMAPを作ってみてください。

別の界隈への方向を矢印で示しています。まだまだ歩けそうという人は、2地区を組み合わせたプランを立ててみるのもよいでしょう。

徒歩の分数は、地図上の2本の旗の間を普通のペースで歩いた時間です。エリアの大きさを把握する目安にしてください。

WC	公衆トイレ	✚	薬局
S	スーパー	M	メトロ(地下鉄)
P	郵便局	RER	パリ郊外電車
ATM	ATM(24時間利用可)	★	観光スポット
€	両替所		

パリ歩きの基本情報

{ ほんとに小さいんです }

東京の山手線の内側に入るほど小さい、とよく言われるパリですが、実は観光客が歩くパリはもっと小さいのです。ほとんどの観光スポットが、中心から半径4kmぐらいのエリアに集中しているから、歩きはもちろん、メトロを活用すればどこに行くのもあっという間。想像以上に盛りだくさんな旅ができることでしょう。

{ とにかくメトロが便利 }

メトロの駅はパリのいたるところにあると言っても過言ではありません。駅と駅の間隔は1～2分ほど。階段を上り下りしたり通路を歩いたりする時間、待ち時間を考えれば、1駅や2駅ぐらいなら歩いてしまったほうが速い、という場合も多くあります。

{ 回数券でどこへでも行ける }

10枚綴りの回数券（カルネ）を買えばパリ中どこへでも1枚で行けます。自動券売機しかない駅が増えているので小銭かカードを用意しましょう。また、チケットを携帯電話やカードのそばに入れると磁気が読み取れなくなるので、別に保管すること。改札を通れなくなったら窓口で申告して新しいチケットをもらいましょう。

{ レンタル自転車なら1日1ユーロ }

メトロと同じカルネで乗れるバスは降りる場所の見極めが必要なので中級～上級者向きですが、風景を眺めながら移動できるのが大きな魅力。07年の誕生以来パリジャンの必需品となったレンタル自転車、Vélib'は上手に活用すれば1日たったの1ユーロですいすい移動ができて便利。使い方の詳細はカイエ・ド・パリのサイトで：
http://www.cahierdeparis.com/1_article_1100

{ おしゃれし過ぎは禁物！ }

日本人観光客がパリで目立つ理由の1つは、とてもきれいな服装をしていること。実のところ、普通のパリジャン、パリジェンヌたちは私たちが期待するほどすてきな格好をしていないのです。スリに狙われないためにも、ほどほどのおしゃれが一番。普通のレストランはもちろん、たとえ星付きのレストランでも、小ぎれいな服装であれば十分です。スニーカーのほかにシックな1足があるといざというときに安心。

{ お店でのマナー }

お店に入るときはBonjourと客から挨拶。出るときもMerciと一言。高級店では商品をむやみに触らない。大声で店員やウェイターを呼ばない。音を立てて食べない。また、お店や道で大きな声で話すのもNGです。とりわけ友だち同士の旅だとつい気を許してしまいますが、できるだけ落ち着いた行動をしましょう。

{ トイレに行きたくなったら }

Toilettes／Accès Gratuitと書かれた大通り沿いに立つグレーの公衆トイレは無料。詳しくはコラム（P56）をご参照ください。

持ち物リスト

パリの日用品は日本で買うより高くつくことが多いし、探すと見つからないことも多いです。荷物を軽くしたくても、これは持ってきたほうがベターと思えるものをご紹介します。逆に、これはパリで買うべきというものもあるので、ぜひ参考にしてください。

「あれを持ってくるのを忘れた！」というときでも大丈夫。この本の地図で「S」と表示されているスーパーを上手に活用しましょう。栓抜き、ナイフ＆フォーク、コップ、それにばんそうこうなどは思い切ってホテルのフロントに借りられないか聞いてみるというのも手です。

そして、スーツケースの大半を占める洋服選びは荷造りを成功させる大切なポイント。下記サイトをチェックして万全に！

毎日の服装を記録するお天気カレンダー
「おしゃれメテオ」：http://www.cahierdeparis.com/indexcat.php?cat=10

{ 日本から持っていくと便利なもの }

折り畳み傘orフード付きレインコート：きまぐれなお天気、急な雨の対策に。霧雨の多いパリではレインコートで十分な場合も。

カーディガン＆ストール：1年を通じて日本よりも気温が低く、変化も激しいので簡単に脱ぎ着できるアイテムは真夏でも必須。

歯ブラシセット：ホテルにはないことが多く、フランスで買うと案外高い。

スリッパ：これもほとんどのホテルになく、買おうと思ってもなかなか見つからない。

リンス：シャンプーはあってもリンスがないホテルがほとんど。

ジップ付きビニール袋：食べきれないパンやお菓子を保存したり、石鹸や香水など匂いの強いものや液体のものを入れたりするのに便利。

小さな密閉容器：マカロンなど壊れやすいお菓子を持ち帰るための必殺技。

プラグアダプター：コンセントプラグの形が違うので、日本→フランスのアダプターは必須。パリでは見つけづらいので、忘れないよう要注意。

{ パリで買うと便利なもの }

ポケットサイズのパリの地図：青い表紙のPlan de Paris（プラン ドゥ パリ）は、本屋、キオスクの他、スーパーのMONOPRIX（モノプリ）などで購入可能。通りの名前から位置を確認できるこの地図さえあればパリ中どこへでも迷わず行ける。値段は約7€。

地図の詳しい使い方はカイエ・ド・パリの記事参照：
http://www.cahierdeparis.com/1_article_1869

ペットボトルのミネラルウォーター：スーパーで割安の6本パックを買い置きして、毎朝かばんにしのばせるのが賢いやり方。

スーパーのエコバッグ：ショッピングで荷物が多くなったら、スーパーのエコバッグを探してみよう。安くてかわいいデザインのものが多いので、おみやげにもなりそう。

リップクリーム＆ハンドクリーム：想像以上に乾燥しているパリでは、日本から持参したものでは効果なし、という場合も。薬局を見つけたらすぐに購入しよう。Caudalie（コーダリー）やNuxe（ニュクス）がおすすめ。

もくじ

2 はじめに
4 この本の使い方
6 パリ歩きの基本情報
7 持ち物リスト

9 Opéra　オペラ

25 Marais　マレ

43 Champs Elysées　シャンゼリゼ

57 Saint Germain des Prés　サンジェルマン・デプレ

75 Quartier Latin　カルチエ・ラタン

87 Bastille　バスティーユ

97 Montmartre　モンマルトル

107 Châtelet / Hôtel de Ville　シャトレ／市役所

121 Invalides / Tour Eiffel　アンヴァリッド／エッフェル塔

131 Canal Saint Martin　サン・マルタン運河

143 Ile Saint Louis　サン・ルイ島

151 旅のフランス語
154 ジャンル別索引
158 おわりに

すてきなパリ旅行のスタート地点

Opéra
オペラ

多くの人が記念すべき1日目に訪れるこの地区は、気がつけば滞在中に何度も足を運ぶ大切なエリア。数々の観光スポット、人気ブランドの並ぶサントノレやラ・ペ通り、和食が恋しくなったらサン・タンヌ通り（日本通り）、帰国前のおみやげ探しにデパートへと、ここを上手に歩きこなすことが、パリ旅行を成功に導くカギなのかもしれません。

［主な観光スポット］

オペラ・ガルニエ

ルーヴル美術館

オランジュリー美術館

チュイルリー公園

ヴァンドーム広場

ギャラリー・ラファイエット、プランタン、パリ三越

日本の旅行代理店・書店・レストラン

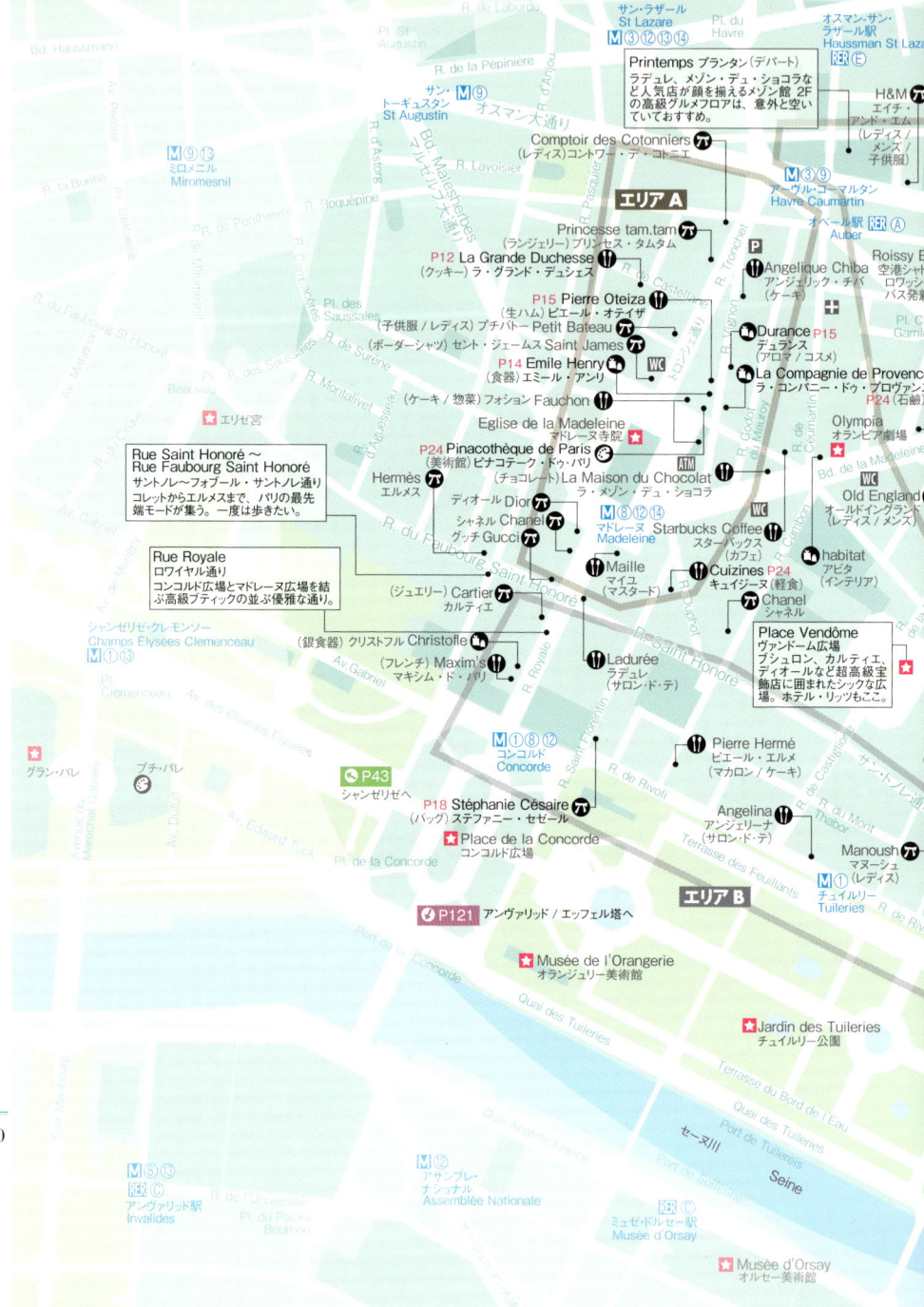

Opéra

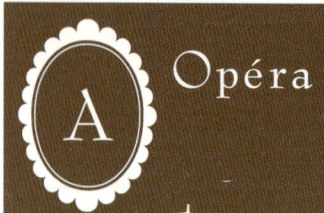

無名だけど
すてきなお店を探して

フランスを代表する2大高級エピスリー、フォションとエディアールが軒を連ねるマドレーヌ広場を中心にしたこのエリア。すぐ近くのデパート街や、ブランド店の並ぶサントノレ通りばかりに足を向けてしまいがちですが、周辺をくまなく歩いてみると、ワインや蜂蜜などの名産品やお菓子、葉巻など、伝統的な品々を扱う小さな商店が想像以上にたくさんあることに気づいて楽しめます。

中世の味わいがよみがえるダガン夫妻の手作りクッキー
La Grande Duchesse
ラ・グランド・デュシェス

デパート街とマドレーヌ広場に挟まれた静かな通りに佇む「ラ・グランド・デュシェス」は、ヴァン=ベック・ダガン夫妻が20年前に南仏サン・レミ・ドゥ・プロヴァンスに開いた人気ビスキュイトリー「Le Petit Duc(ル プチ デュック)」のパリ1号店。本家の「小さな公爵」をもじって「大きな公爵夫人」と名づけられました。お店に並ぶお菓子は、奥様のアンヌさんが古い文献をひもとき研究を重ねて完成させたレシピをもとに、ご主人のエルマンさんがすべて手作りしているもの。保存料を一切使わないオーガニック小麦のクッキーは、しっかりした歯ごたえに軽やかな味わいで、あまりのおいしさに顔がほころびます。5～10€の小袋は、ぜひおみやげに。少しでも多くの人に知ってほしい名店です。

たくさんの種類があって迷ったら、親切なスタッフにアドバイスしてもらおう。

13 rue de Castellane 75008
電話：01 42 66 12 57
メトロ：Madeleine ⑧⑫⑭、
Havre Caumartin ③⑨
営業日：月14:30－19:30、火－土
10:30－19:30　定休日：日
http://www.lagrandeduchesse.com

Opéra

アンヌさんが厳選したフルーツの瓶詰めやワインも並ぶ。

缶入りの詰め合わせは小14€、大20€。ぜひおみやげに。

カラフルな色が映えるシンプルな店内。

フランスの田舎の食卓を思わせるやさしい顔の食器たち
Emile Henry
エミール・アンリ

1850年創業の陶磁器メーカー「エミール・アンリ」。普段使いの食器として、フランスの多くの家庭で愛用されているセラミックの代名詞的存在です。そんな「エミール・アンリ」初のパリ店がついにオープンしました。使い勝手の良さはもちろん、ぽってりとした形とやさしい手触り、ぬくもりのある素朴な色合いがこのブランドの魅力です。それを支えるのは、長い歴史が培った技術と物作りへの丁寧な姿勢。20年もの間、紅茶ポットの色付け一筋の職人さんがいるというエピソードからも、老舗の誇りがうかがえます。
シンプルなボウルはコーヒーやご飯茶碗に、カラフルなプチ・ココット鍋は付け合わせの野菜にと、毎日の暮らしで長く付き合える食器です。

普段使いにぴったりな、白やベージュの柔らかな色合いの食器も数多く揃う。

13 rue Vignon 75008
電話：01 47 42 43 06
メトロ：Madeleine ⑧⑫⑭
営業日：火〜土 10:00〜20:45
定休日：日、月、7月第4週〜8月第3週
http://www.emilehenry.com

Opéra

南仏グリニャンで作られる正真正銘のフランス製アロマ

Durance
デュランス

鮮やかな色、花々の自然な香り、昔ながらの職人の技と南仏のエスプリを伝える人気のブランド。アロマキャンドルやルームフレグランスはナチュラルでいてしっかりと香る上質なもの。おすすめは、枕にふきかけるBrume d'OreillerとボディケアのEsprit de Durance。いい香りに包まれて、すてきな夢が見られそうです。

24 rue Vignon 75009　電話：01 47 42 04 10
メトロ：Madeleine ⑧⑫⑭
営業日：月—土 11:00—14:00/15:00—19:00
定休日：日
http://www.durance.fr
他店舗：37 rue Saint Louis en l'Ile 75004（P145）

パリではこのお店が一番の品揃え。キャンドル、ルームスプレー、コスメ、洗濯洗剤、南仏特産の食べ物などいろいろな品物が集まる。

バスク豚の絶品生ハムをテイクアウトで楽しもう

Pierre Oteiza
ピエール・オテイザ

独特な食文化を確立するバスク地方の特産品を扱う、食いしん坊なら入らずにはいられない名店。イチオシは自由に放牧されたバスク豚の生ハムLe jambon de porc basque。とろけるやわらかさは感動ものです。その場でスライスしてくれるチョリソやサラミ、ワイン、パテ、チーズなど、手頃な値段で目からウロコのおいしさを発見できます。

13 rue Vignon 75008　電話：01 47 42 23 03
メトロ：Madeleine ⑧⑫⑭
営業日：月—土 10:00—14:00/15:00—19:30
定休日：日、7〜8月は月も休み
http://www.pierreoteiza.com
他店舗：18 bd St Michel 75006（P76）

上：お願いすればその場で味見をさせてくれる。
左下：おみやげにぴったりの缶詰もチェック。
右下：ベレー帽をかぶったバスク豚君がお出迎え。

B Opéra

パリの見どころがぎゅっと詰まった定番エリア

ルーヴル美術館で数々の名作を堪能した後、チュイルリー公園では木陰のベンチでひと休み。ブランドショップのウィンドウを覗きながらサントノレ通りをそぞろ歩き、たどりついたコンコルド広場では夕陽に照らされたエッフェル塔の姿にうっとりする……パリを訪れる人々が磁石のようにここに惹きつけられるのは、パリのすてきな横顔をほとんどすべて見せてくれるエリアだからなのです。

暮らしに根づいたアートがテーマ
Musée des Arts Décoratifs
装飾芸術美術館

「生活にまつわる装飾」をテーマに、中世から現代までの家具や食器、グラフィックアート、ガラス工芸、セラミックなど15万点のオブジェが展示されている美術館。絵画に重きをおいた美術館とは異なり、より生活に密着した芸術品を鑑賞することができます。とりわけ、イームズやル・コルビュジエなど著名なデザイナーが手がけた椅子がずらりと並ぶ1960〜70年代のフロアや、アールヌーボーの家具コーナー、併設のおもちゃ博物館は必見です。
また、ルーヴル宮のなかでも一番高い建物にあるこの美術館の窓からは、とても美しいパリの眺めを楽しめます。同じチケットで隣り合うモード&テキスタイル博物館、広告博物館も同時に見学できるのもうれしいですね。

まるで誰かの家のリビングのようにディスプレイされる家具たち。

107 rue de Rivoli 75001
電話：01 44 55 57 50
メトロ：Palais Royal Musée du Louvre ①⑦、Tuileries ①
開館日：火一水、金 11:00−18:00、木 11:00−21:00、土・日 10:00−18:00
閉館日：月
料金：通常 8€、割引 6€ （モード&テキスタイル博物館、広告博物館と共通）、18歳未満無料
http://www.lesartsdecoratifs.fr

Opéra

吹き抜けのホールの上から20世紀を代表するデザイン椅子たちを眺める。

何十年も前にデザインされたとは思えない、おしゃれな子供用の椅子。

シンプルなフォルムにベルトをアクセントにするのが定番のスタイル。

女性による女性のための上質バッグ
Stéphanie Césaire
ステファニー・セゼール

カール・ラガーフェルドやクロエなどのメゾンで経験を積んだステファニー・セゼールさんが2007年に立ち上げたばかりの新しいバッグブランド。モード学校の出身だけあって、バッグのデザインも服のスタイルから発想するという彼女。流行を派手に追うことなく、でも個性を失わないそのスタイルは、有名ブランドにないオリジナリティを求める女性から支持されています。どんな着こなしにも合うシンプルさと、ついつい持ち物が多くなってしまう女性にうれしい、たっぷりのボリュームも人気の秘密。素材選びにこだわった彼女のバッグはすべてフランス製。熟練した職人による手作りで、その質の良さが一目見ただけで伝わってくるようです。

1点350€〜。写真左は柔らかなラム革の「Titi」、右は鹿革の「Nanie」。

6 rue Saint Florentin 75001
電話：01 42 97 43 43
メトロ：Concorde ①⑧⑫
営業日：月〜土 11:00−19:00
定休日：日
http://www.stephaniecesaire.com

Opéra

B

ショートヘアがキュートなデザイナーのステファニーさん。

好みと使い方に合わせて形を選べる「トランザット」166€〜。

海の香りとパリのエスプリに満ちたバッグ
Jérôme Gruet
ジェローム・グリュエ

ジェローム・グリュエといえば「トランザット」。ビーチチェア用の素朴で丈夫な布と、洗練されたリボンを組み合わせたこのバッグを手にとると、まるで海辺にいるような爽やかな風を感じます。「バッグには自分の生活を反映させたい」というジェロームさん。クラシックなデザインに旅で訪れた国々のエッセンスを加えています。なかでも1年の半分以上を過ごすというハワイの影響は大。彼の生み出すバッグが、どこかのんびりとした空気をまとっているのはそのせいかもしれません。向こうのフリーマーケットで見つけたチャームのアクセサリーやビンテージTシャツがお店に並ぶこともあり、それも、パリとハワイを自由に行き来するジェロームさんらしさです。

パイナップルやサーファーのチャームがジェロームさんのセンスでおしゃれなネックレスに変身。

9 rue Saint Roch 75001
電話：01 42 92 03 20
メトロ：Tuileries ①
営業日：月ー金 10:30−14:00/15:00−19:30、
土 12:00−15:00/15:20−19:30
定休日：日、8月

Opéra C

ここを選んでおけば安心!
パリの日本人が集うエリア

オペラ座とパレ・ロワイヤルに囲まれたこのエリアは、なんといっても日本からの旅行者に一番人気。オペラ座やルーヴル美術館など超有名スポットはもちろん、ギャラリー・ラファイエットやプランタン、パリ三越といった日本人スタッフのいるデパートに近いのが安心感の理由。フランス料理で胃が疲れたら、「本物の」和食レストランが並ぶ日本人街、サンタンヌ通りに向かいましょう。

新鮮な生牡蠣をその場で味わえるパリの魚屋さん

L'Ecume Saint Honoré 🍴
レキュム・サントノレ

おしゃれなブランドショップが立ち並ぶ界隈に、もともとマグロの卸専門だったオーナーが1998年にオープンした魚屋さん。この店がパリでも珍しいのは、新鮮な魚介をその場で味わえるイートイン席があること。お値段も手頃なので通りすがりに気軽に立ち寄って、白ワイン片手に海の幸を楽しみましょう。日本語メニューもあり。

6 rue du Marché Saint Honoré 75001
電話:01 42 61 93 87　メトロ:Tuileries ①
営業日:魚屋 火〜木 9:30〜20:00/金〜土 9:30〜22:00、
食事 火〜木 11:00〜19:00/金〜土 11:00〜22:00
定休日:月、8月
予算:エクスプレス・メニュー(生牡蠣6個+白ワイン1杯+パン+バター) 10.90€、生牡蠣6個9.80€〜

上:モードのお店が立ち並ぶなかに突然出現する魚屋さん。
左:牡蠣、はまぐり、ムール、ウニが勢ぞろいする海の幸のプレート。

いろいろなものを少しずつ食べられるスタイルが人気。

カラフルなプレートランチはパリ生まれの「お弁当」

Little Georgette
リトル・ジョルジェット

エヴリンとソランジュの2人姉妹がオープンしたこのレストラン。店名のジョルジェットは2人のお母さんの名前です。イタリア風、アジア風、アメリカ風、魚づくし、世界一周など、テーマごとに選べる昼のプレートランチがおすすめ。それぞれのテーマに沿った4種類の料理と1種類の付け合わせがひとつのプレートに並んで出てくるスタイルは、パリではあまりお目にかかりませんが、もともとは日本の「お弁当」をイメージしたと聞いて納得。定番はチーズバーガー、ラビオリのクリームソース、エビ春巻き、きのこのリゾット。おいしさもさることながら、見た目がカラフルでとってもキュート（上の写真はランチメニューではなくアラカルトです）。ちなみに夜はがらりと変わってタパス風の1品料理です。

この店のテーマカラー、ターコイズブルーが爽やかで、ちょっぴりバカンス気分が漂う店内。

9 impasse Gomboust 75001
電話：01 40 20 09 28
メトロ：Pyramides ⑦⑭
営業日：日・月 12:00−15:30、
火−土 19:00−23:30
定休日：日夜、月夜
予算：昼プレートランチ17〜19.50€、
夜1品5.20€〜

Opéra

防音設備も整い、外の喧騒が気にならない静けさ。 　　　　　　　　　　　　　　　　モダンに生まれ変わった客室は日本人に人気。

観光とショッピングを最大限に楽しめるベスト・ロケーション

Hôtel Daunou Opéra
ホテル・ドヌー・オペラ　★★★

ホテル選びで迷ったら、日本人にとってなにかと便利なオペラ座界隈で探すのがやっぱり無難。なかでも、このホテル・ドヌー・オペラはこれ以上ないロケーションが最大の魅力です。レペットやクリストフルの並ぶラ・ペ通りまで歩いて30秒。少し先にはヴァンドーム広場やオペラ・ガルニエ、パリ三越などのデパート、空港シャトルバスの停留所など、パリ滞在中に1度は立ち寄るスポットが徒歩5分圏内に点在していてとにかく便利。

また、2004年に全室リニューアルしたシンプル＆モダンな客室はすべてバスタブ付き。エアコン、無料ネット接続、日本のテレビ番組、ポットの貸し出しと充実した設備にオーナーの細やかな心配りが感じられます。

ベージュと茶を基調にした肌触りの良いファブリック。落ち着いた雰囲気を演出してくれる。

6 rue Daunou 75002
電話：01 42 61 57 82
メトロ：Opéra ③⑦⑧
料金：シングル 90€～、
ダブル 124€～、ツイン 149€～
http://hotel.cahierdeparis.com/Hotel+Daunou+Opera_vh.5.1.1

まだある！ Opéra のおすすめ

A Cuizines
キュイジーヌ

ワンランク上のフランス流ファストフード

マドレーヌ広場近くのセルフサービス店。ハムとチーズだけのような単純なサンドイッチはなく、オーナーがシェフと共に考えた凝った料理を味わえる。手早く安く、でもおいしくを求めるならここ。

住所：17 rue Duphot
電話：01 49 26 97 46
営：月ー金12:00－16:00　休：土日

A La Compagnie de Provence
ラ・コンパニー・ドゥ・プロヴァンス

バスルームを飾る上質なマルセイユ石鹸

数あるマルセイユ石鹸メーカーのなかでも特に人気のお店。植物性の天然素材を用いた無着色・無香料の液体石鹸は、使い心地はもちろん、シンプルなパッケージデザインも魅力。浴室のインテリアに。

住所：16 rue Vignon
電話：01 42 68 01 60
営：月ー土10:30－14:00/14:30－19:00　休：日

A Pinacothèque de Paris
ピナコテーク・ドゥ・パリ

特別展も興味深いパリの新現代美術館

07年にオープンした新しい美術館。かつてのアパルトマンを利用し、3階2000㎡の広さに年代ものの芸術作品から現代アートまでが一堂に会する。面白いおみやげが見つかるブティックもおすすめ。

住所：28 place de la Madeleine
電話：01 42 68 02 09
開：毎日10:30－18:00　無休

B Cafés Verlet
カフェ・ヴェルレ

ルーヴル美術館のあとの休憩はここで

20世紀初頭創業の老舗のコーヒー専門店。店主自ら買い付ける世界各地のコーヒーは味にうるさいパリジャンたちもうならせる上質なもの。ルーヴルのあとに、ぜひ立ち寄って。2階席がおすすめ。

住所：256 rue Saint Honoré
電話：01 42 60 67 39
営：月ー土9:00－19:00　休：日

B Cotélac
コテラック

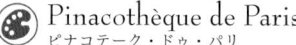

ベーシック＆アバンギャルドな大人服

日本に8店舗を構える人気のパリ発ブランド。一見シンプルなデザインの中にも、遊び心をプラスしたカッティングや素材にパリらしいエスプリを感じる。いろんなシーンで活躍してくれるアイテムが揃う。

住所：284 rue Saint Honoré
電話：01 47 03 45 37
営：月ー土10:30－19:30　休：日

B Astier de Villatte
アスティエ・ドゥ・ヴィラット

大切に買い足したい手作り食器

すべて手作りされているお皿やカップは、同じシリーズでも形が不揃い。それがかえって愛嬌に感じる不思議な魅力を持つ食器。少しグレーがかった白色の器たちにはどこか凛とした美しさがある。

住所：173 rue Saint Honoré
電話：01 42 60 74 13
営：月ー土11:00－19:30　休：日

C Au Gourmand
オ・グルマン

気軽に楽しめる洗練フレンチ

3ツ星レストラン出身の実力派シェフが生み出すオリジナリティあふれるフレンチ。肩ひじ張らずにフランス料理を楽しみたい人におすすめの場所。3品30€〜のリーズナブルな値段も大きな魅力。

住所：17 rue Molière　電話：01 42 96 22 19
営：月ー土12:30－14:00/19:30－23:00（月土は夜のみ）休：日

C Zen
善

パリで一番おいしいラーメン！

多くのラーメン屋が軒を連ねるこの界隈で、私たちの行きつけがここ。さっぱりとした醬油ラーメンはフレンチに飽きた胃に染み入る味。寿司やカレーなどメニュー豊富。ルーヴル美術館のすぐそば。

住所：8 rue de l'Echelle
電話：01 42 61 93 99
営：毎日12:00－15:00/19:00－22:30　無休

いろんな顔が人気の秘密

Marais
マレ

ヴォージュ広場を中心に今も残る17世紀の貴族の館、クリエイターたちのおしゃれブティック、ゲイ・コミュニティーのメッカ。パリでは珍しく日曜に開いているお店が多いのは19世紀末にここに移り住んだユダヤ人たちの習慣。時を超えた多面体のように、さまざまな表情を見せるマレは、私たちを飽きさせることがありません。

【 主な観光スポット 】

ヴォージュ広場

ピカソ美術館

カルナヴァレ博物館

ユダヤ人街

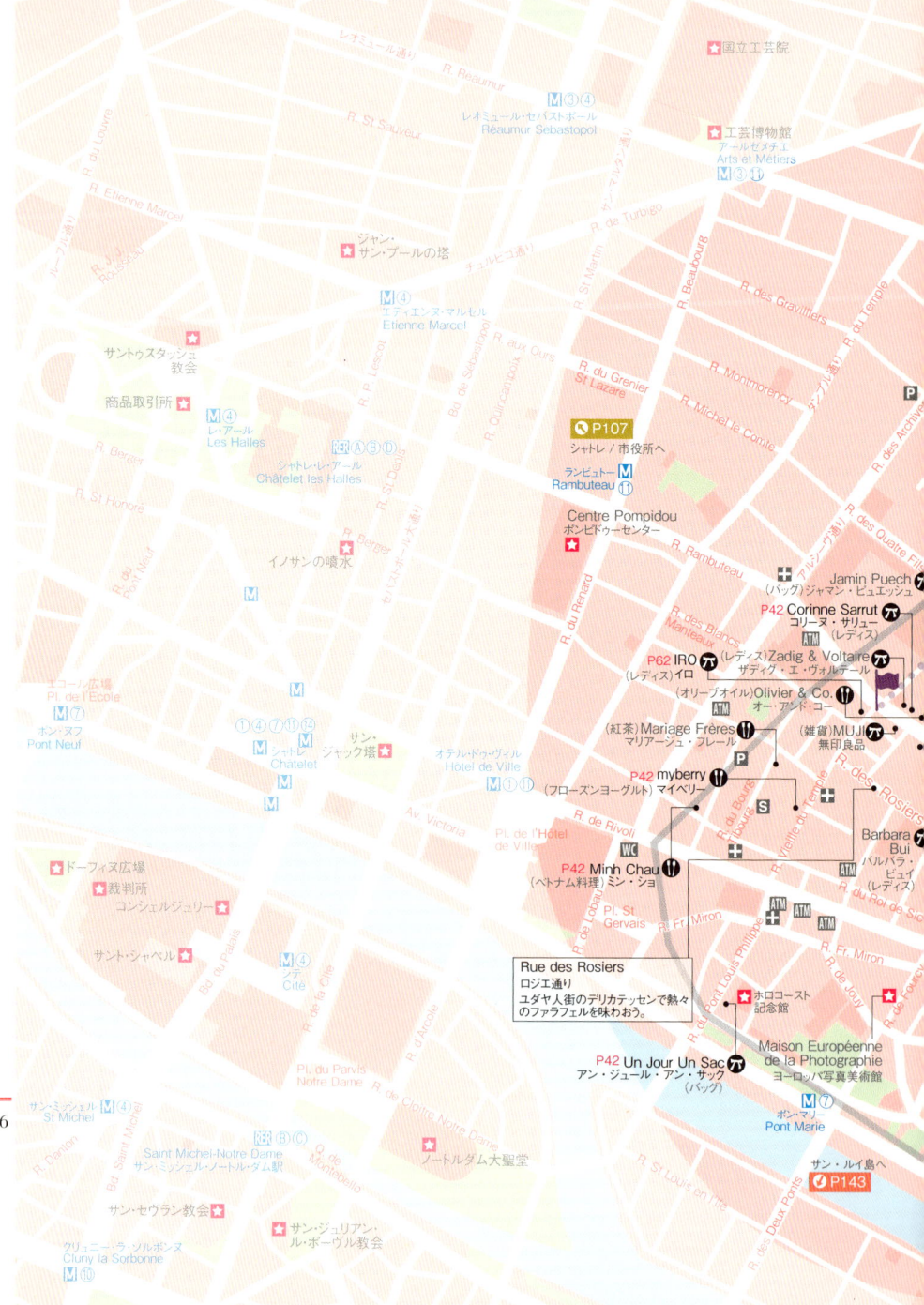

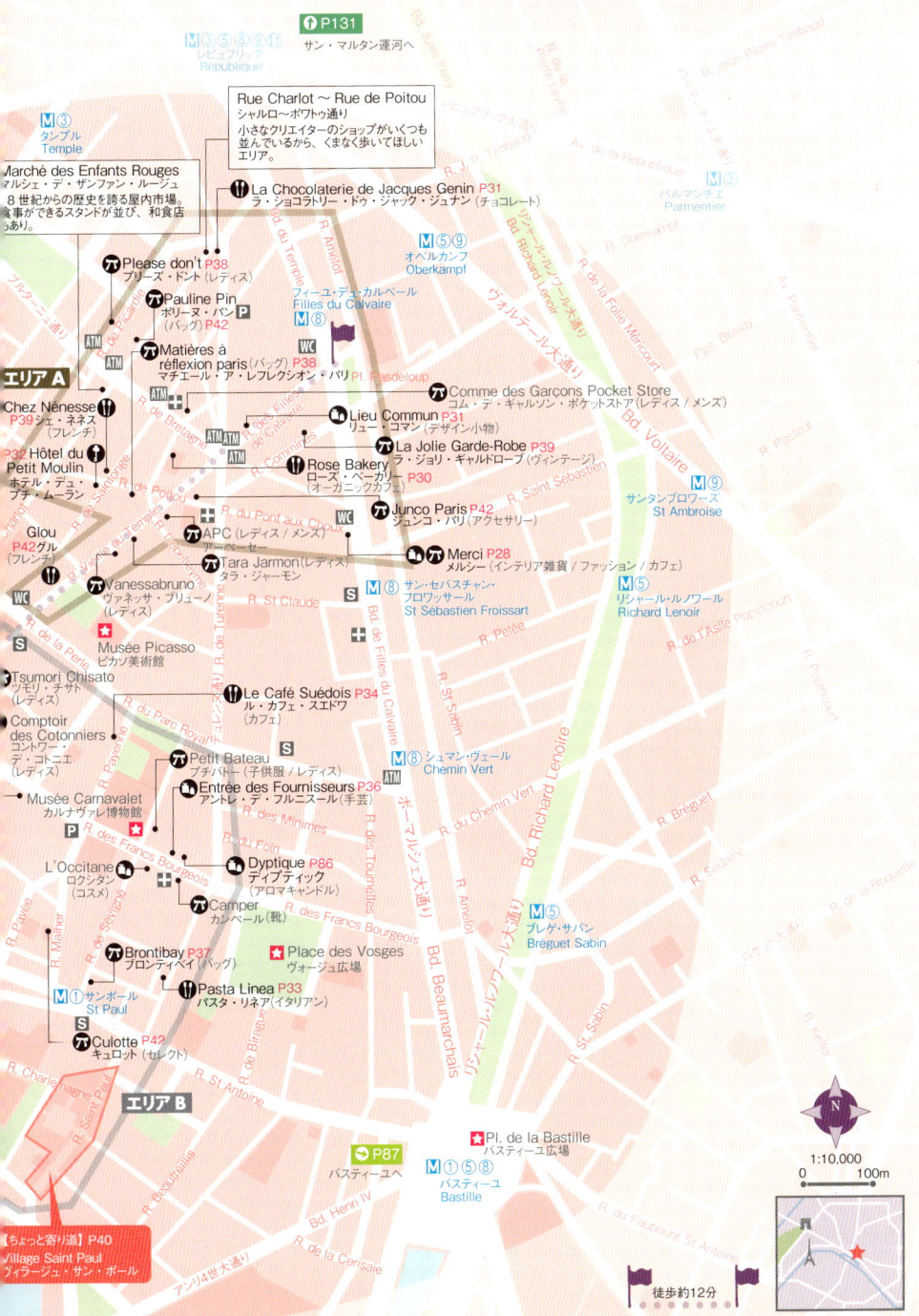

A Marais

新しもの好きのパリ歩きは、この場所からスタート！

10年ほど前から少しずつおしゃれなクリエイター・ショップがオープンし、「北マレ」の愛称も定着したこの界隈。シャンゼリゼやオペラが象徴するリュクスなパリとは異なり、ぐっと身近でセンスの良いパリの一面を見せてくれます。MerciやLa Chocolaterie de Jacques Genin, Rose Bakeryといった話題のショップも続々と誕生して、ますます気になるエリアです。

パリのおしゃれさんが集まる注目の新スポット

Merci
メルシー

「メルシー行った？」がパリジェンヌたちの挨拶代わりになるほど話題のお店が、2009年3月、パリに誕生しました。人気の理由は、1500㎡もの贅沢な空間とジャンルを超えた斬新な顔ぶれ。吹き抜けの天井から光がふりそそぐ開放的なスペースに、日常をちょっぴり楽しくしてくれるものたちが並んでいます。地階はキッチン・日用雑貨、1階はクリエイターブランドとビンテージクローズ、香水、お花屋さん、そして2階は子供服と手芸用品、デザイン家具。どのディスプレイもかわいいアイデアにあふれ、おうちで真似してみたくなります。
私たちのお気に入りはお茶を飲みながら読書ができる古本カフェ。オープンしたばかりだというのに、常連風のパリジャンたちでいっぱいです。

本が壁一面を埋め尽くすカフェコーナーは、落ち着いた雰囲気で長居してしまいそう。

住所：111 boulevard Beaumarchais 75003
電話：01 42 77 00 33
メトロ：Saint-Sébastien Froissart ⑧
営業日：月－土 10:00－20:00
定休日：日

Marais A

広々としたスペースを贅沢に使ったエントランス。

地下の食器コーナーの奥には軽食を楽しめるカフェも。

ずらりと並ぶケーキはどれもおいしそうで迷ってしまう。

長蛇の列ができる人気オーガニックカフェの2号店
Rose Bakery
ローズ・ベーカリー

2002年、モンマルトルのふもとに誕生した「ローズ・ベーカリー」。イギリス人マダムが手作りするオーガニックの惣菜とケーキがパリジャンたちの心を捉え、毎日行列ができる人気店となりました。それから6年、おしゃれなブティックの並ぶ北マレに念願の2号店がオープン。細長い通路にテーブルが並ぶシンプルな店内は、食だけでなくライフスタイルからも無駄を省こうという姿勢がうかがえるよう。オープンキッチンで忙しげに働くのは、日本人シェフの遠藤かほりさん。オーガニックの食材に、ひじきや抹茶などの和テイストを上手に取り入れたレシピは1号店にはない魅力、と話題を呼び、早くも北マレの人気店に仲間入り。お昼どきになると大にぎわいを見せています。

背高のっぽのキャロットケーキと惣菜の盛り合わせはこのお店を語る上ではずせない2品。

30 rue Debelleyme 75003
電話：01 49 96 54 01
メトロ：Saint-Sébastien Froissart ⑧、Filles du Calvaire ⑧
営業日：火-日 9:30－18:00
定休日：月、8月2週間
予算：ケーキ 2.5€～、プレート 10€～、紅茶 3.5€～
他店舗：46 rue des Martyrs 75009 (P98)

今、パリで話題の新ショコラティエ
La Chocolaterie de Jacques Genin
ラ・ショコラトリー・ドゥ・ジャック・ジュナン

08年末にオープンしたばかりのチョコレート屋さん。ショコラティエのジュナンさんは、高級ホテルのショコラやお菓子を担当していた、その世界では知る人ぞ知る存在。奇をてらわない誠実な味わいに誰もがおいしいとうなずきます。銀のコフレに入った詰め合わせは上品なおみやげに。お口でとろけるキャラメルは隠れた人気者です。広々とした贅沢な空間のサロン・ド・テもおすすめ。

上：9個10€、36個30€、72個60€といろんなサイズが揃うコフレ。
左：サロン・ド・テではクラシックなケーキを味わえる。4.8€〜。

133 rue de Turenne 75003
電話：01 45 77 29 01
メトロ：Filles du Calvaire ⑧
営業日：火－日 11:00－20:00
定休日：月
http://www.jacquesgenin.com

デザインを愛する人へ。刺激的なコンセプトショップ
Lieu Commun
リュー・コマン

「リュー・コマン」は注目の女性デザイナー、マタリ・クラッセが中心になって立ち上げたスペース。各クリエイターの全作品を紹介して、彼らの世界観そのものを理解してほしい、という今までのセレクトショップには無い新コンセプトを提案しています。ギャラリーのような空間に並ぶ服、オブジェ、本、CDなどが私たちの好奇心を次々と刺激してくれます。

ショーウインドウのディスプレイや壁のステッカー、クラッセがデザインした什器など、このお店そのものが刺激的でクリエイティブ。

5 rue des Filles du Calvaire 75003
電話：01 44 54 08 30
メトロ：Filles du Calvaire ⑧
営業日：火－土 11:00－13:00/14:00－19:30
定休日：日、月、8月3週間
http://www.lieucommun.fr

大人っぽい色使いが落ち着いた雰囲気のラウンジ。 　　　　　　小鳥と花の壁紙がロマンティックなスーペリア。

ラクロワのビビッドな世界で夢をみる
Hôtel du Petit Moulin
ホテル・デュ・プチ・ムーラン　★★★★

古くはパン屋だったという17世紀の建物をリニューアルしたこのホテルは、クリエイターブランドが多く集まる北マレ界隈でちょっと異色の存在。昔と変わらぬ姿を今に残す1900年代のファサードは、文化財に指定されています。
歴史を感じさせる外観とは対照的に、デザイナーのクリスチャン・ラクロワが手がけた館内は、彼らしい鮮やかな色使いが特徴。孔雀が羽を広げたようなゴージャスな部屋、夜空を思わせる星と月で飾られた部屋、花と小鳥が舞うロマンティックな部屋……壁紙や絨毯のモチーフから、ランプやドアの取っ手、浴室のタイルの色まで、ひとつとして同じデザインはありません。訪れるたびに新鮮な驚きをくれるから、リピーターが多いのもうなずけます。

文化財に指定されているファサードは、ホテルに変身した今もパン屋さんの看板をかかげたまま。

住所：29/31 rue du Poitou 75003
電話：01 42 74 10 10
メトロ：Saint-Sébastien Froissart ⑧
予算：1室1泊190€〜
http://www.paris-hotel-petitmoulin.com

Marais B

過去と現在が
交差する場所

煉瓦造りの建物が美しいヴォージュ広場やユダヤ人街のロジエ通りといった「昔のパリ」を感じさせる場所と、人気のブランドショップが軒を連ねるフラン・ブルジョワ通りのように「今のパリ」を感じさせる場所、その2つの絶妙なバランスがこのエリアの魅力。テラスに座ってコーヒーを飲むだけで地元っ子気分になれるすてきなカフェもたくさん。のんびり時間をかけて散策しましょう。

テイクアウトもできるヘルシーなイタリアン

Pasta Linea
パスタ・リネア

イタリア人マダムが切り盛りするたった10席の小さなパスタ屋さん。お昼時にはテイクアウトのお客さんで行列ができる地元の人気店です。パスタには石臼でひいたオーガニックの粉を用い、生ハムやチーズはすべてイタリア産。保存料は一切使わず、オイル控えめのヘルシーな料理にこだわっています。選べる野菜マリネのサンドイッチやサラダもお手頃な値段。

住所：9 rue de Turenne 75004　電話：01 42 77 62 54
メトロ：Saint Paul ①
営業日：火〜土 12:00−20:00、日 13:30−20:00
定休日：月、8月の2週間
予算：店内ーパスタ盛り合わせ12€
テイクアウトーサンドイッチ6€、サラダ7€、パスタ5〜7€

上：好きなパスタと野菜のマリネを選べるプレート。
左下：手作りパスタの袋が並ぶ店内。
右下：昼夜問わず行列ができる小さな入り口。

静かな中庭はほっとひと息つける秘密の場所。

ほっこりできるパリのスウェーデン式カフェ
Le Café Suédois
ル・カフェ・スエドワ

中世を偲ばせる小道が続く静けさに包まれたこのエリアは、ほっとひと息つくのにぴったりの場所。とりわけ、スウェーデン文化会館に隣接する「ル・カフェ・スエドワ」はのんびりとした空気が心地いい、私たちのお気に入りスポット。中庭をのぞむ窓からやわらかな陽射しが差し込み、飾り気のない真っ白な店内を明るく照らします。カウンターには、スウェーデン人のアンナさん手作りの品々がおいしそうに並んでいます。ランチには自家製パンの上に、ツナ、サーモン、ニシン、エビなどスウェーデン独特の具をのせたサンドイッチとたっぷりのスープを。午後はやさしい味わいのキャロットケーキやシナモンロールを。カルナヴァレ博物館のすぐ裏手にあるので、観光のあとに立ち寄って。

アンナさんをはじめ働いているのはみんなスウェーデン人。本場のスウェーデンの味を楽しもう。

11 rue Payenne 75003
電話：01 44 78 80 11
メトロ：Saint Paul ①
営業日：火－日 12:00－18:00
定休日：月、7月中旬～8月末
予算：サンドイッチ 5€、ドリンク 2€、ケーキ 3€～、本日のスープ 6€
http://www.si.se/upload/CCS/cafe_suedois/fra/index.html

Marais B

北欧らしいシンプルな空間にやさしい時間が流れる。

色鮮やかなオープンサンドイッチはどれもおいしい。

あれもこれもと欲しくなる色とりどりのリボンたち。　　　　昔ながらの手芸店を思わせる懐かしい雰囲気の店内。

静かな中庭にたたずむ隠れ家のようなパリの手芸店
Entrée des Fournisseurs
アントレ・デ・フルニスール

若い人たちの間でも手作りの良さが見直されはじめ、ちょっとした手芸ブームが訪れているパリ。「ここに来ればすてきな素材に出会える」と支持されているのがこのお店です。フランス各地から直接買い付けたボタンや布地、毛糸は、大型店には無いこだわりを感じさせるセレクトです。大量生産のものがあふれる時代の中で忘れ去られつつあるこの国のクチュールの伝統を守り、これからの世代に伝えていきたい、というのがオーナーの願い。この店に流れるあたたかな空気が、久しぶりに針と糸を手にしてみようかなという気持ちにさせてくれます。

石畳の中庭に面したツタのからまる建物が歴史を感じさせ、それもこのお店が愛される理由のひとつになっています。

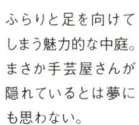

ふらりと足を向けてしまう魅力的な中庭。まさか手芸屋さんが隠れているとは夢にも思わない。

8 rue des Francs Bourgeois 75003
電話 : 01 48 87 58 98
メトロ : Saint Paul ①
営業日 : 月 14:00–19:00、
火–土 10:30–19:00
定休日 : 日、7月25日〜8月24日
http://www.entreedesfournisseurs.fr

Marais

バッグのほかに財布や小物入れもカラフルで種類豊富。

今日はこの色、と毎日変えたくなるバリエーションの多さ。

毎日活躍してくれるガーリー&機能的バッグ
Brontibay
ブロンティベイ

2002年の誕生以来、パリジェンヌはもちろん日本の私たちも大好きなバッグブランド、「ブロンティベイ」。根強い人気の理由は、丸みを帯びたフォルムとギャザーやフリルがちょこっと付いたほどよいガーリー感、裏側のサテン地のプリントや色にこだわった乙女心をくすぐる気配り、豊富なカラーバリエーション、そして毎日持ち歩きたくなる軽さと使いやすさ！　ほとんどのモデルに、着脱式の肩紐が付いているので、手提げと斜めがけのふたつのスタイルを楽しめるのがうれしい。がま口とお札入れが一緒になったCaracas、大きなリボンの形がキュートなクラッチバッグLiseronはブランド立ち上げ当初からの大ベストセラーです。

ブランド誕生から人気の衰えないCaracas 79€〜とLiseron 29€。手頃な値段も魅力のひとつ。

6 rue de Sévigné 75004
電話：01 42 76 90 80
メトロ：Saint Paul ①
営業日：月〜土 11:00−20:00、
日 13:30−19:30
定休日：無休
http://www.brontibay.fr

37

パリジャン＆パリジェンヌと歩くマレ

ポワトゥ通りに小さなアトリエ・ブティックを構えるシリルとレティシア。ヴィンテージのレザージャケットをリメイクして、オリジナルなバッグを作っています。この界隈をよく知る彼らに、行きつけのスポットを案内してもらいました。お店は、すべてエリアAです。

Cyrille et Laetitia

Matières à réflexion paris
マチエール・ア・レフレクシオン・パリ

住所：19 rue de Poitou 75003　電話：01 42 72 16 31
営業日：月―土 12:00－19:00　定休日：日、8月1日―21日
http://www.matieresareflexion.com

Please don't
プリーズ・ドント

2007年にオープンした若手クリエイター、ヴァニナさんのお店。彼女が探してきたアンティークのレースや布地を使って作るワンピースやトップスは、ガーリーなテイストたっぷりでとってもキュート。

Laetitia
私のいちばんのお気に入りは、パンツ。人気のデザインは、形はそのままに色や素材だけをシーズン毎に替えてくれるから、自分にぴったりくるパンツをいつでも見つけられるのがうれしいわ。

Cyrille
レトロ＆ロマンティックな雰囲気が日本の女の子にもぴったり合いそう。今、僕たちが応援しているクリエイターの1人なんだ。

住所：11 rue de Picardie 75003
電話：01 42 74 31 42
営業日：火―土 11:00－19:30
定休日：日、月、7月26日―8月15日
http://www.please-dont-couture.com

Marais

La Jolie Garde-Robe 👜
ラ・ジョリ・ギャルドローブ

イヴ・サン・ローラン、クレージュ、セリーヌなど60〜80年代の高級ブランドをメインに扱うビンテージショップ。バッグ、シューズ、アクセサリーも豊富。

Laetitia
舞台や映画の衣装さんも足しげく通っているプロ御用達のお店。特に靴のセレクションは秀逸!

Cyrille
状態の良い有名ブランドのビンテージだけをセレクトした、パリでも珍しい「本物のビンテージショップ」と呼べるお店だね。まるで、その時代のお店にタイムスリップしたような気持ちになれるよ。

住所:15 rue Commines 75003
電話:01 42 72 13 90
営業日:火〜土 13:00−19:30
定休日:日、月

Chez Nénesse 🍴
シェ・ネネス

40年も地元っ子に愛され続けるビストロは、レースのカーテン、タイル張りの床、チェックのテーブルクロスがパリらしい雰囲気。木曜の昼は、定番のローストビーフとフライドポテト目当てにパリジャンたちが詰めかけます。

Laetitia
ぜひ試してほしいのは、ムース・オ・ショコラ! 量もちょうどいいから、女の子でもデザートまでたどりつけるはず。より洗練されたメニューのディナータイムも、おすすめよ。

Cyrille
仔牛のクリームシチューやポークソテーなど、僕のおばあちゃんが作ってくれたような懐かしい家庭料理が味わえるから、昼の日替わりメニューはいつも楽しみ。

住所:17 rue de Saintonge 75003
電話:01 42 78 46 49
営業日:月〜金 12:00−14:30/20:00−22:30
定休日:土、日、8月、12月25日〜1月1日
予算:昼 10€〜、夜 35€〜

ちょっと寄り道

Village Saint Paul

ヴィラージュ・サン・ポール

Marais

PASSAGE SAINT PAUL

セーヌ川とサン・タントワーヌ通りに挟まれたこの界隈には、マレの喧騒が嘘のような静けさが漂います。ヴィラージュ・サン・ポール（サン・ポール村）と呼ばれるこの一画は、アンティークやデザインのお店が集まる私たちのお気に入りの場所。サン・ポール通りから伸びる薄暗いパッサージュをくぐりぬけると、中世のパリらしい香りが漂う石畳の中庭が広がり、まるで時が止まったかのような印象です。

古びた人形や食器、オブジェを眺めたり、中庭の一角にあるサロン・ド・テでひと休みしたり、あわただしいスケジュールを忘れてのんびり過ごしてみてはいかがですか？

まだある！ Maraisのおすすめ

A Glou
グル

北マレのおしゃれビストロ

ピカソ美術館の裏手に2008年に誕生したビストロ。質の良い食材を使ったシンプルでボリュームたっぷりの料理とカジュアルな雰囲気が人気で、地元のパリジャンたちでいつも賑わっている。

住所：101 rue Vieille du Temple
電話：01 42 74 44 32
営：月、水—日11:30—14:00/19:00—23:30　休：火

A Junco Paris
ジュンコ・パリ

日本人デザイナーのアクセサリー

この小さなアトリエ・ブティックで生まれるのは、パリに暮らして20年以上というジュンコさんのロマンティックでキュートなアクセサリー。身につけるだけですてきなパリジェンヌに近づけそうな予感。

住所：10 rue de Poitou
電話：01 44 78 08 48
営：火—金14:00—17:30 土12:00—17:30　休：日月

A Pauline Pin
ポリーヌ・パン

持っておきたいカジュアルバッグ

ピンクのファサードが一際目立つブティックに、カジュアルで使いやすいバッグたちがずらりと並ぶ。上質な革、バッグンの機能性、リーズナブルな価格と3拍子揃っておすすめ。

住所：51 rue Charlot
電話：01 42 78 06 67
営：火—土11:00—19:30　休：日月

B myberry
マイベリー

フローズンヨーグルト専門店

乳脂肪0%なのにしっかりクリーミーでおいしいプレーンのフローズンヨーグルトに季節のフルーツやドライフルーツ、シリアルをトッピングできる。スープやベーグルと組み合わせたランチセットもあり。

住所：25 rue Vieille du Temple
電話：01 42 74 54 48
営：毎日11:00—24:00　無休

B Minh Chau
ミン・ショ

安さとおいしさが自慢のベトナム料理

レモングラスや生姜で炒めたチキン、もやしやピーナツ入りベトナム風サラダ、春巻きなど、10€もあればお腹いっぱい。とても小さくてすぐ満席になるので、少し時間をずらして行くのがベター。

住所：10 rue de la Verrerie
電話：01 42 71 13 30
営：月—土12:00—15:00/18:00—23:00　休：日

B Culotte
キュロット

日本人オーナーのセレクトショップ

おしゃれショップ激戦区のこの界隈で根強い人気を誇る「キュロット」は、日本人デザイナーの伊藤美奈子さんがオーナーをつとめるセレクトショップ。オリジナルからビンテージまでセンスが光る。

住所：7 rue Mahler
電話：01 42 71 58 89
営：月13:30—17:00 火—土12:30—19:00　休：日

B Corinne Sarrut
コリーヌ・サリュー

パリジェンヌ御用達ブランド

休業を経てファン待望の復活を果たした「コリーヌ・サリュー」。日本にも長年のファンが多い彼女の服は流行に左右されないベーシックで女性らしいスタイル。質の良いカーディガンは1枚あると重宝する。

住所：40 rue des Francs Bourgeois
電話：01 42 74 67 21
営：毎日10:30—13:30/14:30—19:30　無休

B Un Jour Un Sac
アン・ジュール・アン・サック

毎日の着こなしに合わせて替えるバッグ

「1日1バッグ」という店名のとおり、ハンドルとバッグの本体を別々に選んで好きに組み合わせられる新しいコンセプト。厳選された素材を用いて、フランス国内で作られるその質の良さも人気の理由。

住所：6 rue du Pont Louis Philippe
電話：01 44 61 07 79
営：火—土11:00—19:00　休：日月

シャンゼリゼ界隈のほんとうの素顔を
知っていますか？

Champs Elysées
シャンゼリゼ

エッフェル塔と肩を並べる人気スポット、シャンゼリゼ。パリに来る誰しもが一度は訪れる場所ですが、凱旋門と大通り沿いのカフェやショップを見ておしまいという人が多く、その知名度とは裏腹に実はあまりよく知られていない界隈なのです。華やかな大通りとはまた違うシャンゼリゼのもうひとつの素顔に出会ってください。

［主な観光スポット］

凱旋門
シャンゼリゼ大通り
モンテーニュ大通り
グラン・パレ
プチ・パレ
ルイ・ヴィトン
フーケッツ

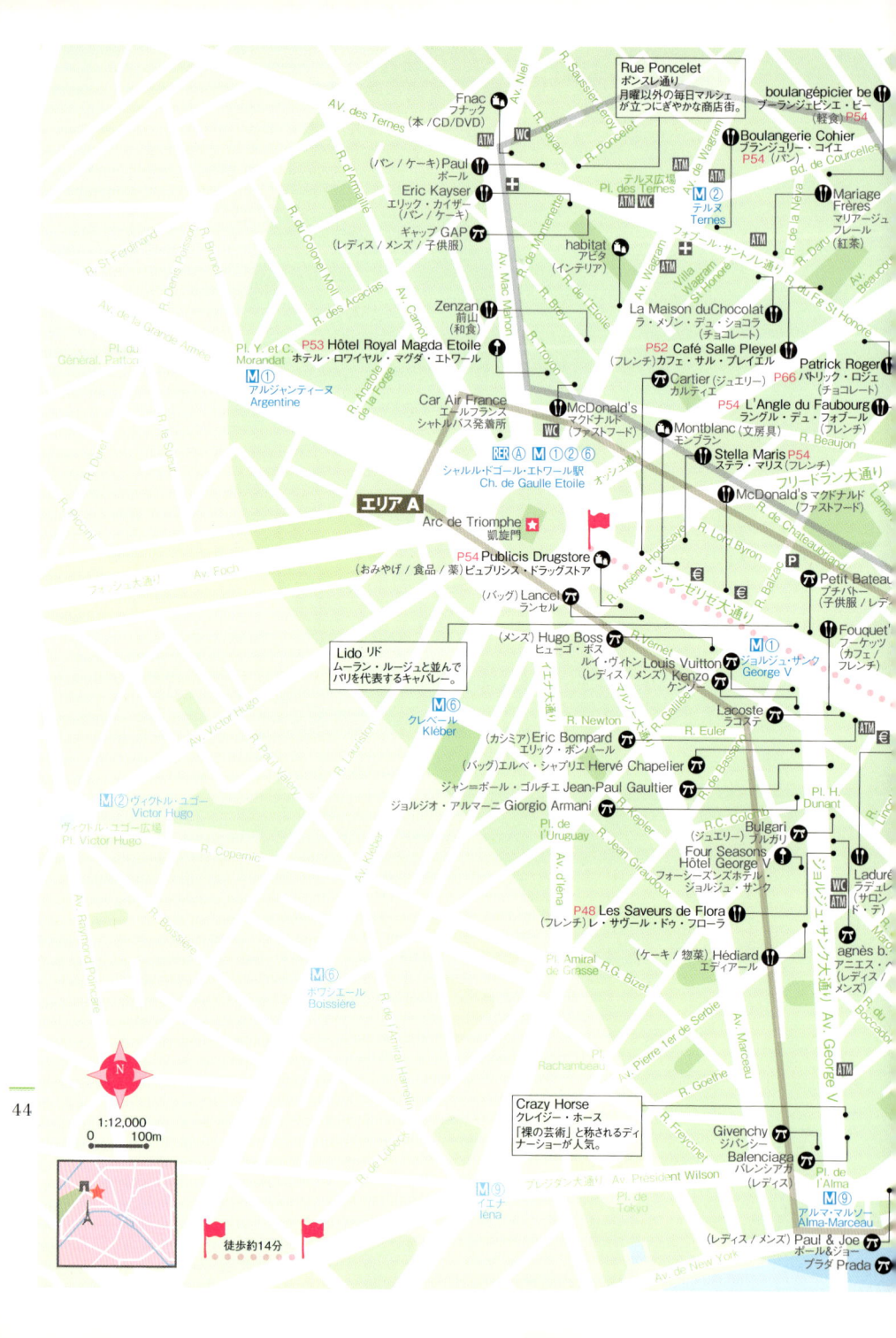

Rue Poncelet
ポンスレ通り
月曜以外の毎日マルシェが立つにぎやかな商店街。

Fnac フナック (本/CD/DVD)

boulangépicier be ブーランジェピシエ・ビー (軽食) P54

Paul ポール (パン/ケーキ)

Boulangerie Cohier ブランジュリー・コイエ P54 (パン)

Eric Kayser エリック・カイザー (パン/ケーキ)

GAP ギャップ (レディス/メンズ/子供服)

Mariage Frères マリアージュ・フレール (紅茶)

habitat アビタ (インテリア)

Pl. des Ternes / Ternes

Zenzan 前山 (和食)

La Maison duChocolat ラ・メゾン・デュ・ショコラ (チョコレート)

Pl. Y. et C. Morandat

Hôtel Royal Magda Etoile P53 ホテル・ロワイヤル・マグダ・エトワール

Café Salle Pleyel P52 (フレンチ) カフェ・サル・プレイエル

Patrick Roger パトリック・ロジェ (チョコレート) P66

Argentine アルジャンティーヌ

Cartier カルティエ (ジュエリー)

L'Angle du Faubourg P54 ラングル・デュ・フォブール (フレンチ)

Car Air France エールフランス シャトルバス発着所

McDonald's マクドナルド (ファストフード)

Montblanc モンブラン (文房具)

Stella Maris P54 ステラ・マリス (フレンチ)

Ch. de Gaulle Etoile シャルル・ドゴール・エトワール駅

McDonald's マクドナルド (ファストフード)

エリア A

Arc de Triomphe 凱旋門

Publicis Drugstore P54 (おみやげ/食品/薬) ピュブリシス・ドラッグストア

Petit Bateau プチバトー (子供服/レディス)

Lancel (バッグ) ランセル

Lido リド
ムーラン・ルージュと並んでパリを代表するキャバレー。

Hugo Boss (メンズ) ヒューゴ・ボス

Fouquet' フーケッツ (カフェ/フレンチ)

Louis Vuitton ルイ・ヴィトン (レディス/メンズ)

Kenzo ケンゾー

George V ジョルジュ・サンク

Kléber クレベール

Lacoste ラコステ

Eric Bompard (カシミア) エリック・ボンパール

Victor Hugo ヴィクトル・ユゴー
Pl. Victor Hugo ヴィクトル・ユゴー広場

Hervé Chapelier (バッグ) エルベ・シャプリエ

Jean-Paul Gaultier ジャン=ポール・ゴルチェ

Giorgio Armani ジョルジオ・アルマーニ

Bulgari (ジュエリー) ブルガリ

Four Seasons Hôtel George V フォーシーズンズホテル・ジョルジュ・サンク

Ladurée ラデュレ (サロン・ド・テ)

Les Saveurs de Flora P48 (フレンチ) レ・サヴール・ドゥ・フローラ

Hédiard (ケーキ/惣菜) エディアール

agnès b. アニエス・ベー (レディス/メンズ)

Boissière ボワシエール

Pl. Amiral de Grasse

Crazy Horse クレイジー・ホース
「裸の芸術」と称されるディナーショーが人気。

Givenchy ジバンシー

Balenciaga バレンシアガ (レディス)

Iéna イエナ
Pl. de Tokyo

Alma-Marceau アルマ・マルソー

Paul & Joe (レディス/メンズ) ポール&ジョー

Prada プラダ

1:12,000 0—100m

徒歩約14分

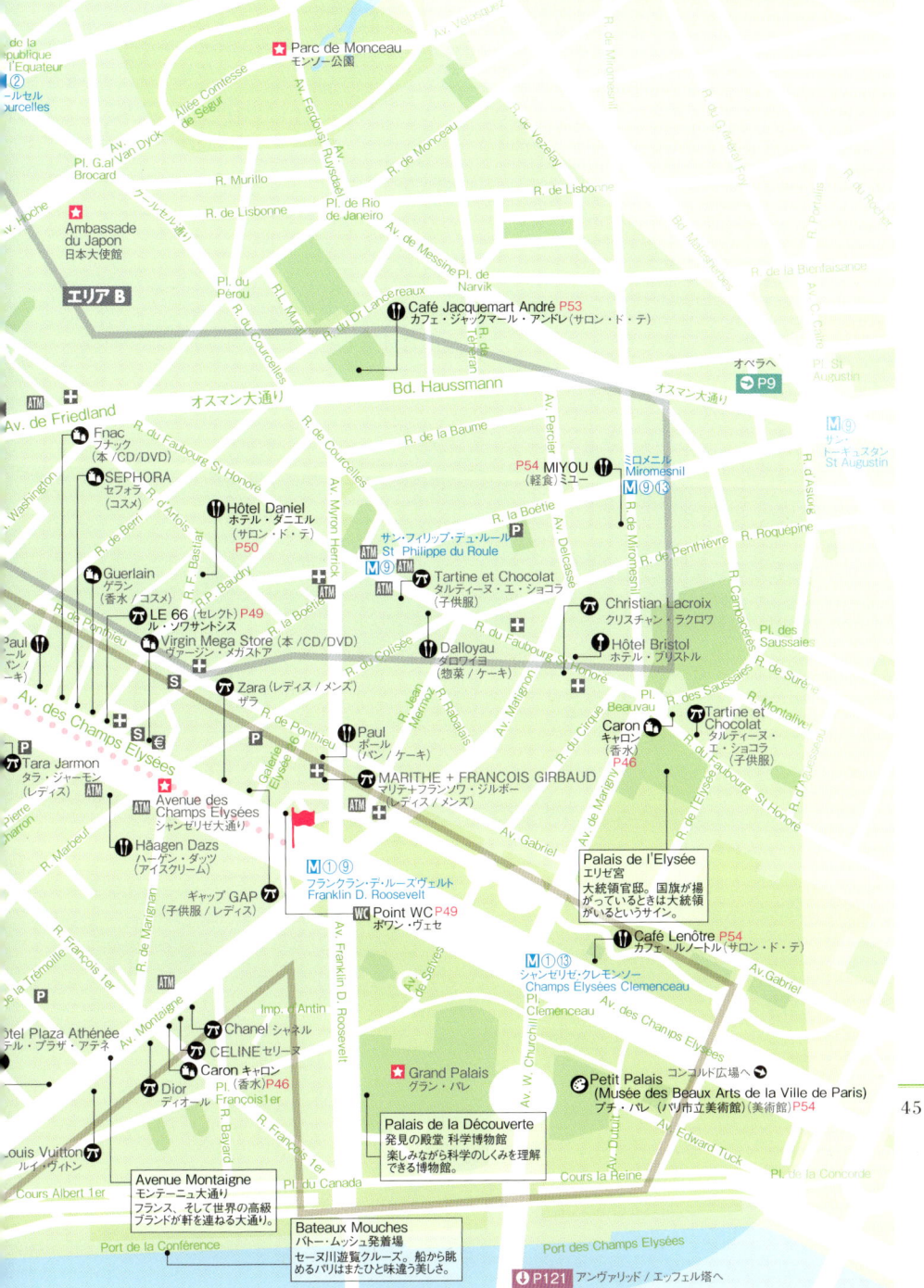

Champs Elysées

Parc de Monceau
モンソー公園

Pl. Av. G.al Van Dyck
Brocard
R. Murillo
R. de Lisbonne
Pl. de Rio de Janeiro
Pl. de Messine
Av. de Messine
R. de Monceau

Ambassade du Japon
日本大使館

エリア B

Pl. du Pérou

Café Jacquemart André P53
カフェ・ジャックマール・アンドレ（サロン・ド・テ）

オペラへ ➡ P9

Bd. Haussmann
オスマン大通り

Av. de Friedland
R. du Faubourg St Honoré
R. de la Baume

Fnac
フナック
（本 /CD/DVD）

SEPHORA
セフォラ
（コスメ）

MIYOU P54
ミロメニル
（軽食）ミュー
Miromesnil

Hôtel Daniel
ホテル・ダニエル
（サロン・ド・テ）P50

サン・フィリップ・デュ・ルール
St Philippe du Roule

Guerlain
ゲラン
（香水／コスメ）

Tartine et Chocolat
タルティーヌ・エ・ショコラ
（子供服）

LE 66（セレクト）P49
ル・ソワサントシス

Christian Lacroix
クリスチャン・ラクロワ

Virgin Mega Store（本/CD/DVD）
ヴァージン・メガストア

Dalloyau
ダロワイヨ
（惣菜／ケーキ）

Hôtel Bristol
ホテル・ブリストル

Pl. des Saussaies

Zara （レディス／メンズ）
ザラ

Tartine et Chocolat
タルティーヌ・エ・ショコラ
（子供服）

Caron
キャロン
（香水） P46

Tara Jarmon
タラ・ジャーモン
（レディス）

Paul
ポール
（パン／ケーキ）

Avenue des Champs Elysées
シャンゼリゼ大通り

MARITHE + FRANÇOIS GIRBAUD
マリテ＋フランソワ・ジルボー
（レディス／メンズ）

Häagen Dazs
ハーゲン・ダッツ
（アイスクリーム）

Palais de l'Elysée
エリゼ宮
大統領官邸。国旗が揚がっているときは大統領がいるというサイン。

GAP ギャップ
（子供服／レディス）

フランクラン・デ・ルーズヴェルト
Franklin D. Roosevelt

Point WC P49
ポワン・ヴェセ

Café Lenôtre P54
カフェ・ルノートル（サロン・ド・テ）

シャンゼリゼ・クレモンソー
Champs Elysées Clemenceau

Hôtel Plaza Athénée
ホテル・プラザ・アテネ

Chanel シャネル

CELINE セリーヌ

Caron キャロン
（香水）P46

Grand Palais
グラン・パレ

Petit Palais
(Musée des Beaux Arts de la Ville de Paris)
プチ・パレ（パリ市立美術館）（美術館）P54

Dior
ディオール

Louis Vuitton
ルイ・ヴィトン

Palais de la Découverte
発見の殿堂 科学博物館
楽しみながら科学のしくみを理解できる博物館。

Avenue Montaigne
モンテーニュ大通り
フランス、そして世界の高級ブランドが軒を連ねる大通り。

Bateaux Mouches
バトー・ムッシュ発着場
セーヌ川遊覧クルーズ。船から眺めるパリはまたひと味違う美しさ。

⬇ P121 アンヴァリッド／エッフェル塔へ

45

Champs Elysées

訪れるたびに「初めてのパリ」の感動を蘇らせてくれる場所

パリの代名詞シャンゼリゼ。見飽きたはずのこの通りに立って凱旋門を見上げると、「パリにいるんだなあ」という感慨が湧いてくるから不思議です。ここ数年で新しいショップがいろいろオープンしたシャンゼリゼや、高級ブランドが優雅に軒を連ねるモンテーニュ大通り……最初の旅行で来たからもういい、と思っている方も、もう一度歩いてみてください。きっと新たな発見があることでしょう。

100年以上の伝統を守る香水の老舗

Caron
キャロン

機械で成分量を決定して化学的に作られる香水が幅をきかせる今日このごろ、1904年創業の老舗「キャロン」は、調香師が花のエッセンスを使い、長い時間をかけて香水を作るという伝統製法を頑なに守る貴重な存在。モンテーニュ通りのエレガントなブティックでは、好きなサイズのボトルを選んで美しいガラスの容器から香水を直接入れてもらうことができます。女性向けの代表的な香りは春の小花をイメージしたFleur de Rocaille。世界初の男性用香水として誕生したPour un hommeは70年以上経った今もベストセラーです。香水と人気を分けるルースパウダーは、上質なブルガリアンローズをベースに、空気に触れた状態でもバクテリアが発生しない逸品。

繊細なレースが美しい香り袋 Maryse à Paris（47€＝右）はバッグや引出しに入れて。

34 avenue Montaigne 75008
電話：01 47 23 40 82
メトロ：Franklin D. Roosevelt ①⑨
営業日：月－土 10:00－18:30
定休日：日
http://www.parfumscaron.com
他店舗：90 rue du Faubourg Saint Honoré 75008 (P45)

46

Champs Elysées

A

アヒルの羽毛を使った優雅なパフ(37€〜)は女の子の憧れ。

女性シェフらしいこだわりが光るロマンティックなインテリア。

蝶と花が舞うピンクの世界で味わう女性シェフのフレンチ
Les Saveurs de Flora
レ・サヴール・ドゥ・フローラ

パリの3ツ星「アルページュ」など数多くの名店で経験を積んだ女性シェフ、フローラ・ミクラさんが2003年にオープンしたこのレストランは、高級ホテルやブティックが軒を連ねるジョルジュ・サンク大通りにあります。きらきらと輝くシャンデリアの下、蝶や花をあしらったピンクを基調にしたフェミニンなインテリアにしばしうっとり。南仏生まれの彼女が作り出すのは地中海の香りを感じるフレンチ。ココナッツやサフランを使ったレシピには世界を旅した経験が表れています。パリ有数のシックなカルチエにあって夜のコースが38€というのも魅力のひとつ。シャンゼリゼ界隈のフレンチでディナーなんてお金持ちだけの特権だわ、と思っている方にぜひ試してみてほしいお店です。

爽やかなレッドベリーのミネストローネは、ハイビスカス風味のレモネードムースがアクセントに。

36 avenue George V 75008
電話：01 40 70 10 49
メトロ：George V ①
営業日：月〜土 12:00−14:30/19:00−23:00（土は夜のみ）
定休日：土昼、日、8月中旬2週間
予算：昼2品コース 29€、昼夜3品コース 38€
http://www.lessaveursdeflora.com

Champs Elysées

シャンゼリゼに登場したセレブな公衆トイレ

Point WC
ポワン・ヴェセ

トイレがなかなか見つからないのはパリを旅する私たちにとって大問題。2008年シャンゼリゼ通りに登場した「ポワン・ヴェセ」は、この国では珍しい高級感漂う公衆トイレです。通常のトイレは1.5€、ウォシュレット付きは2€と決して安くはないですが、ここに来れば清潔なトイレがある、とわかっているだけで安心できそうです。

26 avenue des Champs Elysées 75008
電話：01 42 56 35 25
メトロ：Franklin D. Roosevelt ①⑨
営業日：月ー土 11:00－19:30、日 13:00－19:00
定休日：無休
http://www.pointwc.com
他店舗：ルーヴル美術館地下カルーゼル・デュ・ルーヴル内（P11）

「ママとベビー」「トレンディ」……テーマの異なるトイレに興味津々。個性的なペーパーやブラシなど、トイレグッズも揃う。

シャンゼリゼに誕生した巨大セレクトショップ

LE 66
ル・ソワサントシス

シャンゼリゼ沿いのちょっぴりレトロなショッピングモールに2007年登場したセレクトショップ。以前は自動車部品店だったという広々としたスペースに、メンズ、レディス、ヴィンテージ、靴、バッグ、アート系書籍など、150以上のブランドがずらりと揃います。意外におしゃれなお店が少ないシャンゼリゼ大通りに新たな名所ができました。

66 avenue des Champs Elysées 75008
電話：01 53 53 33 80
メトロ：George V ①
営業日：月ー金 11:00－20:00、土 11:30－20:30、日 13:00－19:00
定休日：8月上旬2週間
http://www.le66.fr

APC、ポール＆ジョー、マルタン・マルジェラ、シー・バイ・クロエ、ヘルムート・ラングなどおしゃれブランドが勢揃い。

Champs Elysées B

パリ通なら制覇したい
裏シャンゼリゼ

いつ行ってもものすごい人出だし、有名ブランドにも興味ないし、とシャンゼリゼ界隈を敬遠する人は案外多いかもしれません。観光客が集中する大通りの南側とは対照的に、その北側はまさに「裏シャンゼリゼ」とでも名づけたくなるような知る人ぞ知る隠れ人気エリアだということをご存じですか？オスマン様式の建物が澄まし顔で建ち並び、なんとも優雅で落ち着いた空気が流れています。

ロマンティックな隠れ家でアフタヌーンティー

Hôtel Daniel
ホテル・ダニエル

シャンゼリゼからほんの数分の場所にありながら、大通りの喧騒が嘘のような静けさに包まれた知る人ぞ知る「ホテル・ダニエル」。2005年に誕生した新しいホテルですが、ディテールにこだわったインテリアで18世紀フランスのシックでロマンティックな雰囲気が再現されています。なかでもシノワズリ（中国趣味）の壁紙や色とりどりの家具が華やかなサロンの美しさは必見。宿泊していなくても利用できるので、シャンゼリゼや凱旋門を訪れた後に休憩したくなったらぜひこのホテルを訪れましょう。スコーンやケーキはすべて手作りで、クロテッドクリームは本場イギリスのもの。紅茶の種類も豊富で、午後のティータイムを優雅に過ごせる秘密の場所です。

老舗陶器店ベルナルドの質の良いカップやシルバーのカトラリーが優雅なティータイムを演出。

8 rue Frédéric Bastiat 75008
電話：01 42 56 17 00
メトロ：Saint Philippe du Roule ⑨
営業日：ティータイム 16:00－19:00
定休日：無休
予算：紅茶 8€、スコーン 10€、アフタヌーンティー 28€
http://www.hoteldanielparis.com

Champs Elysées   B

自家製スコーンには、こだわりのコンフィチュールとエシレバターを添えて。

18世紀のパリでもてはやされたシノワズリを再現する特注の壁紙。

広い空間を贅沢に使ったホールは、黒・白・赤の三色ですっきりとまとめられたインテリア。

歴史的なコンサートホールで料理と音楽を堪能

Café Salle Pleyel

カフェ・サル・プレイエル

1927年に開館した歴史あるコンサートホール「サル・プレイエル」には、バレエの稽古場だったホールを改造して作られたレストランがあります。大きなガラス窓が開放的な雰囲気のこのお店の特徴は、オーケストラの指揮者が替わるように、毎年シェフが交代すること。平日は毎日ランチができるほか、コンサートが開催される夜には鑑賞者だけがディナーを楽しめます。英語サイト (http://www.sallepleyel.fr) から簡単にチケット予約ができるのでおすすめ。

上階のレストランでおいしいフレンチを味わった後、クラシックを鑑賞し、月明かりの下をのんびりと凱旋門まで散歩する……すてきなパリの思い出になりそうです。

スプーン形のクッキーがついたエスプレッソも料理のお皿も、まるで絵画のような美しさ。

252 rue du Faubourg Saint Honoré
75008
電話：01 53 75 28 44
メトロ：Ternes ②
営業日：月―金 12:00―15:00、夜は鑑賞者のみで要予約 18:00―20:00
定休日：土、日、8月
予算：昼35€程度、夜の2品コース 29€
http://www.cafesallepleyel.com

Champs Elysées

B

オスマン様式の邸宅で優雅な午後を
Café Jacquemart André 🍴
カフェ・ジャックマール・アンドレ

19世紀末の美術品収集家夫妻のコレクションを彼らの邸宅で鑑賞できるジャックマール・アンドレ美術館。かつてダイニングだったホールは現在カフェとして使われています。壁に飾られた18世紀のタペストリーや天井のフレスコ画に囲まれ、ケーキと紅茶をいただきながら時が止まったかのような贅沢なひとときを満喫しましょう。

上：美術館に入館しなくても利用可。チケット売場を通り過ぎて中へ。
左：ケーキはワゴンにある数種類から選べる。

158 boulevard Haussmann 75008
電話：01 45 62 11 59
メトロ：Saint Philippe du Roule ⑨
営業日：月－土 11:45－17:15、日 11:00－15:00
定休日：無休　予算：昼のセット（キッシュ、サラダ、ケーキ） 16.50€、おやつセット（ケーキ、紅茶） 9€
http://www.musee-jacquemart-andre.com

ロケーション、設備とサービス、料金の3拍子揃ったホテル
Hôtel Royal Magda Etoile 🛏
ホテル・ロワイヤル・マグダ・エトワール ★★★

空港シャトルバス停留所から歩いて2分ほど。朝ホテルを出るときも夜戻ってくるときも凱旋門が出迎えてくれる絶好のロケーションを誇るこのホテルは、2006年に改装を済ませたシックで清潔感のあるインテリア。エアコンやミニバーなど充実の設備、4人で宿泊可能な客室もあり、さらにスタッフも親切で、言うことなし！のホテルです。

上：金庫や無料のインターネット接続など、客室の設備は申し分なし。
左：落ち着きのある高級ホテルの趣が広がるフロントロビー。

7 rue Troyon 75017
電話：01 47 64 10 19
メトロ：Charles de Gaulle Etoile ①②⑥
料金：シングル 90€～、ダブル 100€～
http://hotel.cahierdeparis.com/Hotel+Royal+Magda+Etoile_vh.2.1.1

まだある！Champs Elyséesのおすすめ

A Stella Maris
ステラ・マリス

念願の星を獲得した日本人シェフの店

1997年のオープン以来、正統派の料理が高く評価され、あのジョエル・ロブションもうならせた吉野建シェフ。2006年にはついに念願のミシュラン1ツ星を獲得し、ますます勢いに乗っている。

住所：4 rue Arsène Houssaye
電話：01 42 89 16 22
営：12:00-14:30/19:30-22:15　休：土昼、日

A Café Lenôtre
カフェ・ルノートル

シャンゼリゼの緑に囲まれて過ごす午後

1900年に建設された歴史ある建物の伝統的な外観とモダンなインテリアのコントラストが美しいお店。2009年に亡くなった創業者ガストン・ルノートルに思いを馳せつつ、ティータイムを過ごそう。

住所：10 av. des Champs Elysées　電話：01 42 65 85 10　営：ランチ12:00-14:30　サロン・ド・テ15:00-18:00　ディナー19:00-22:30　休：日夜ディナー

A Publicis Drugstore
ピュブリシス・ドラッグストア

コンビニみたいに使える旅行者の味方

軽食、薬局、ワイン、お土産になりそうな雑貨やバッグ、アクセサリー、さらにはピエール・エルメのマカロンやチョコもあって、朝から夜中まで営業するシャンゼリゼのハイレベルなコンビニ。

住所：133 av. des Champs Elysées
電話：01 44 43 75 07
営：月-金8:00-26:00　土日10:00-26:00　無休

A Petit Palais
プチ・パレ

入場無料で満喫するアート

1900年に建設され2005年末にリニューアルオープンしたプチ・パレ内のパリ市立美術館。自然光を生かした気持ちのよい館内では、モネやセザンヌ、マネなど巨匠の作品を無料で鑑賞できる。

住所：av. Winston Churchill
電話：01 53 43 40 00
営：火-日10:00-18:00　休：月祝

B L'Angle du Faubourg
ラングル・デュ・フォブール

1ツ星の味とサービスをお手ごろに

パリの名門レストラン、タイユヴァンのセカンド店。ミシュラン1ツ星なのに、昼も夜もOKの本日のコースが38€とリーズナブルなのがうれしい。夜はスタッフに38€のコースを、と声をかけよう。

住所：195 rue du Fbg St-Honoré
電話：01 40 74 20 20
営：月-金12:30-14:00/19:30-22:00　休：土日祝

B Boulangerie Cohier
ブランジュリー・コイエ

シラク大統領も毎朝味わったバゲット

2006年パリのバゲット大賞グランプリを受賞して1年間大統領官邸にバゲットを納めたパン屋さん。伝統製法で丁寧に作られたバゲット・トラディションをぜひ味わってみたい。

住所：270 rue du Fbg St-Honoré
電話：01 42 27 45 26
営：月-金7:30-20:00/土7:30-19:00　休：日

B boulangépicier be
ブーランジェピシエ・ビー

デュカスの新時代「ファストフード」

忙しい生活でもおいしいものを食べたい、という欲張りな私たちのためにアラン・デュカスが生んだ新コンセプト、「持ち帰れるレストランの味」。上質なパンやお惣菜を気軽にテイクアウトできる。

住所：73 bd. de Courcelles
電話：01 46 22 20 20
営：月-土7:00-20:00　休：日

B MIYOU
ミュー

星つきシェフのサンドイッチ

パレ・ロワイヤルの名店グラン・ヴェフールの若手実力派シェフ、ギー・マルタンがプロデュースするカフェ。星つきシェフの手がける洗練されたサンドイッチやサラダを、爽やかなテラス席で味わおう。

住所：35 rue Miromesnil
電話：01 42 66 33 33
営：月-金12:00-15:00　休：土日

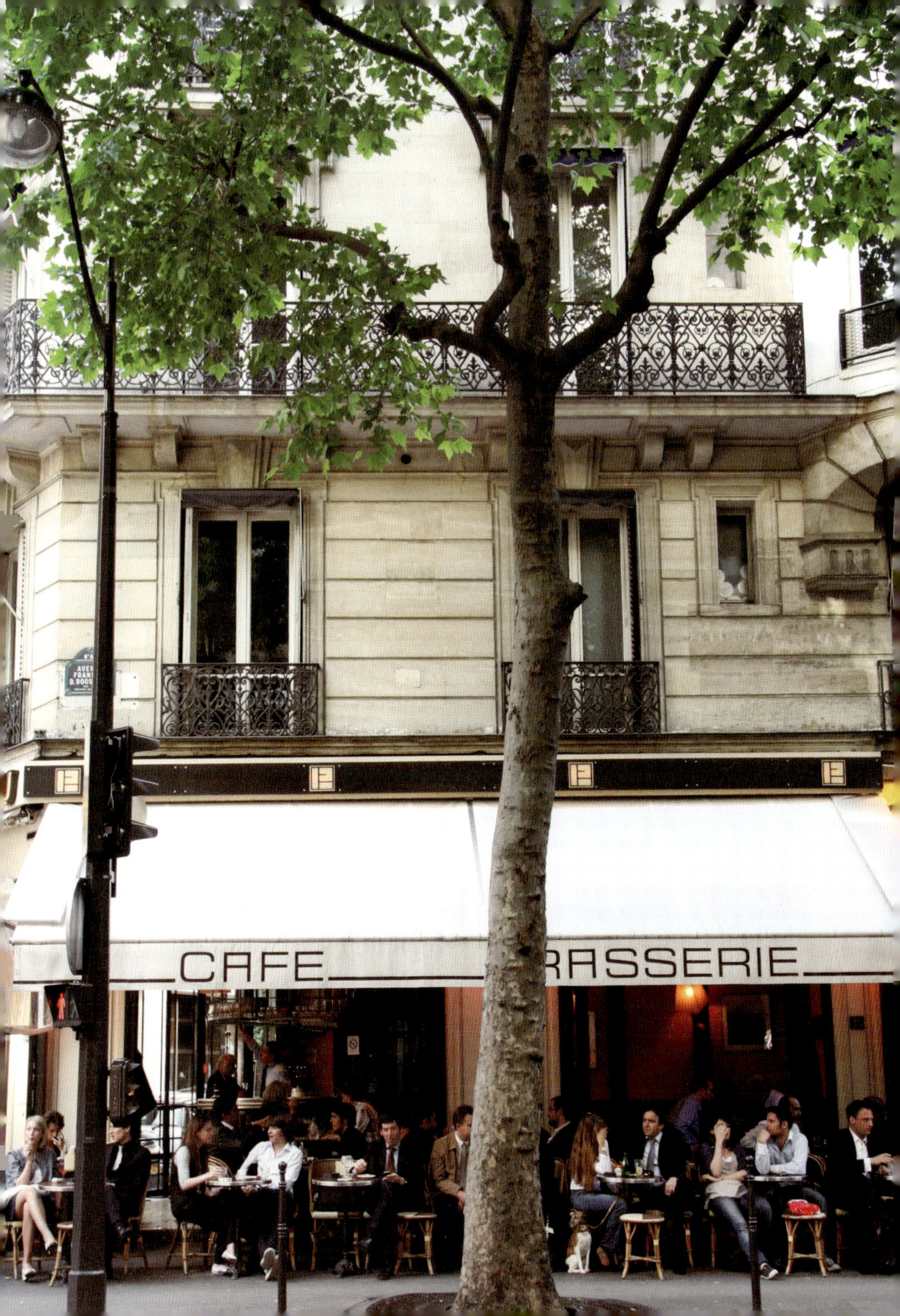
CAFE
RASSERIE

Column

{ パリ歩きの心の準備 }

パリの街の成り立ち、そして人々の暮らしぶりや習慣は、日本とは大きく異なります。
日本では当たり前と思われることがパリでは当たり前でない、なんてこともよくあること。
訪れる国それぞれの特徴を楽しむのが旅の醍醐味とはいえ、
ちょっとした心の準備をしておくだけで、旅の満足度がグンとアップするものです。
知っておくと安心なパリ事情をお伝えします。

● トイレを探して……

「行きたい！」と思ったときにすぐにトイレが見つからないという問題は、パリを訪れる観光客のみならず、この街の住人たちにとっても悩みの種です。そのときデパートの近くにいたらまだラッキー。それでも、まるで使ってほしくないかのように上のほうの階にあることが多いので、たどり着くまでが大変です。
我慢できずにカフェに入り、飲みたくもないエスプレッソを注文する、というのが今までの解決策でしたが、そんな状況を少し改善しているのが2006年から無料になった公衆トイレ（本書の地図では「WC」と表示）。特に大通り沿いに多いこのグレーの箱は、使用後、毎回自動的に洗浄される仕組みになっていますが、お世辞にもきれいとは言えず、紙がなかったり、ドアが壊れていたりすることも。それでも「緊急時」には大いに役立ってくれます。
でも何よりも、カフェやレストランに入ったら、たとえそれほど行きたくなくてもトイレを済ませること、これが大事です。

● ゆったりとした「パリ時間」

フランスの地方と比べれば、パリは大都会。それでも、日本から来た私たちには、この街のゆったりした時の流れが感じられます。
ストでメトロが走らなくなったり、デモでバスが遅れたり、時には理由もなく交通機関が予定どおり動かないのはよくあること。そのせいもあってか、約束に遅れても許しあう、ちょっぴり時間にルーズなところもあります。どんなに稼ぎどきでもお昼の2時間は必ず休憩するお店に出くわすと、「本当に商売する気あるの!?」なんて思ってしまいます。
効率第一の旅行者にとってはイライラするシチュエーションがたくさんのこの街ですが、見方を変えてみれば、これは「旅のあいだぐらい、ちょっとリラックスしてみては？」というパリからのメッセージともいえるのです。
急ぎ足を少しゆるめて辺りを見渡してみれば、パリの街がますます美しく見えるよう。ほんの数日でも、「パリ時間」を過ごしてみませんか？

パリ左岸のエレガンスを体現する界隈

Saint Germain des Prés

サンジェルマン・デプレ

左岸の中心といえるこの界隈には、華やかな右岸とはまた違う、落ち着きのある空気が流れています。知識人たちが集った文学カフェやボザール周辺のアートギャラリー、デパートや高級ブランドすら控えめな佇まいで、パリらしい文芸の香りに満ちたエリア。サンジェルマン大通りを中心に散らばる石畳の小道は散策にぴったり。

{ 主な観光スポット }

サンジェルマン・デプレ教会

リュクサンブール公園

サン・シュルピス教会

不思議のメダイの聖母の聖堂

カフェ・ド・フロール / レ・ドゥー・マゴ

ボン・マルシェ・デパート&食品館

地図

エリア B

エリア C

エリア A

- ソルフェリーノ Solférino Ⓜ⑫
- P121 アンヴァリッド / エッフェル塔へ
- （セレクト）Allison アリソン
- リュ・デュ・バック Rue du Bac Ⓜ⑫
- P67 Debauve & Gallais ドゥボーヴ・エ・ガレ（チョコレート）
- （ケーキ / 惣菜）Dalloyau ダロワイヨ
- マティニョン館
- Musée Maillol マイヨール美術館
- （レディス）Sonia Rykiel ソニア・リキエル
- Servane Gaxotte セルヴァンヌ・ガクソット（ジュエリー）
- P150 Pylones ピローヌ（文房具 / キッチン雑貨）
- P42 Un Jour Un Sac アン・ジュール・アン・サック（バッグ）
- （子供服）Zef ゼフ
- （アロマキャンドル / 香水）MEMO メモ
- Le Pain Quotidien ル・パン・コティディアン（カフェ）
- （レディス / メンズ）Paul & Joe ポール&ジョー P62
- **Rue de Grenelle** グルネル通り
  プラダ、ルブタン、ミシェル・ペリーなど高級ブランドが並ぶ。
- P62 IRO イロ（レディス）
- P71 Le Bac à Glaces ル・バック・ア・グラス（アイスクリーム）
- Petites Mendigotes プティット・モンディゴット（ボーダーシャツ）
- P70 Bonton Bazar ボントン・バザール（子供服 / インテリア）
- Conran Shop コンラン・ショップ（インテリア）
- Saint James セント・ジェームス
- Bookbinders Design ブックバインダーズ・デザイン（文房具）
- R. de Babylone
- Camper カンペール（靴）
- Claudie Pierlot クローディー・ピエルロ（レディス）
- セーヴル・バビロン Sèvres Babylone Ⓜ⑩⑫
- サン・シュルピス St Sulpice
- **Square Boucicaut** ブシコ公園
  ボン・マルシェの食品館で買ったおいしい惣菜をベンチに腰かけて味わおう。
- Le Bon Marché ボン・マルシェ（デパート）
- La Maison du Chocolat ラ・メゾン・デュ・ショコラ（チョコレート）
- **Chapelle Notre Dame de la Médaille Miraculeuse** 不思議のメダイの聖母の聖堂
  奇跡のメダイのチャームが購入できる。
- Petit Bateau プチバトー（子供服 / レディス）
- Zara ザラ（レディス）
- **Rue de Rennes** レンヌ通り
  H&M、Zara、Kookai、Andréなどプチプライスの人気ブランドが並ぶ。
- **La Grande Epicerie de Paris** ラ・グランド・エピスリー・ド・パリ
  ボン・マルシェの食品館はグルメなおみやげ探しにおすすめ！
- P74 Jean Charles Rochoux ジャン＝シャルル・ロシュー（チョコレート）
- Patrick Roger パトリック・ロジェ（チョコレート）P66
- ヴァノー Vaneau Ⓜ⑩
- レンヌ Rennes Ⓜ⑫
- Jüli ジュリ P74（セレクト）
- サン・プラシッド St Placide Ⓜ④
- Sadaharu Aoki サダハル・アオキ（ケーキ）

1:8,000　100m

徒歩約7分

Saint Germain des Prés

Seine / セーヌ川 / エコール広場 / Pl. de l'École

Ecole Nationale Supérieure des Beaux-Arts
フランス国立高等美術学校

Carré Rive Gauche カレ・リヴ・ゴーシュ
セーヌ川沿いからオデオン方面までは広範囲にわたって骨董から現代アートまで、幅広いジャンルのギャラリーが並ぶ

ボン・ヌフ
ドーフィヌ広場
裁判所

Ladurée ラデュレ (マカロン / サロン・ド・テ)
Aesop イソップ (コスメ)

Pascal Caffet パスカル・カフェ (ショコラトゥリー / ケーキ)

Les Deux Magots (カフェ) レ・ドゥー・マゴ

L'Hôtel Le Restaurant P73 ロテル ル レストラン (フレンチ / ホテル)

Monnaie de Paris パリ造幣局博物館

Café de Flore カフェ・ド・フロール (カフェ)

Huilerie Artisanale J. Leblanc et fils P66 ユイルリー・アルチザナル・ジェー・ルブラン・エ・フィス (オリーブオイル)

L'Heure Gourmande ルール・ドゥ・グルマンド (サロン・ド・テ)

Passage Dauphine パッサージュ・ドーフィヌ
パリらしい雰囲気の小さなパッサージュ。サロン・ド・テで穏やかな時間を過ごせる。

Dior ディオール
Louis Vuitton ルイ・ヴィトン

Musée National Eugène Delacroix ドラクロワ美術館
ドラクロワ美術館のあるこの界隈は左岸らしい穏やかな雰囲気が魅力。

Pixi & Cie P64 ピクシー・エ・カンパニー (フィギュア)

L'Alcazar ラルカザール (フレンチ)

Mariage Frères マリアージュ・フレール (サロン・ド・テ)

Armani アルマーニ (レディス / メンズ)

Saint Germain des Prés サン・ジェルマン・デ・プレ教会

Kusumi Tea クスミ・ティー (紅茶)

Jérôme Dreyfuss ジェローム・ドレフュス (バッグ)

Allison アリソン (セレクト) R. de Buci

Starbucks Coffee スターバックス (カフェ)

Artès P67 アルテス (ノート)

St Michel
サン・ミッシェル

Zara ザラ (レディス)

Aigle エーグル (アウトドア)

Da Rosa P73 ダ・ローザ (エピスリー / レストラン)

Cour du Commerce Saint André クール・ドゥ・コメルス・サン・ダンドレ

R. St André des Arts

R. Danton

Coco & Co. ココ・エ・コ (卵料理) P74

Grom P74 グロム (ジェラート)

Mabillon マビヨン

Huîtrerie Régis ユイットルリー・レジス (生牡蠣) P74

R. du Four

Eva Lauren エヴァ・ローレン (インテリア小物 / アクセサリー)

Pierre Marcolini ピエール・マルコリーニ (ショコラトゥリー)

Odéon オデオン

Starbucks Coffee スターバックス (カフェ)

Patrick Roger P66 パトリック・ロジェ (ショコラトゥリー)

Des Petits Hauts デ・プチ・オ (レディス) P96

YSL イヴ・サンローラン

Gérard Mulot ジェラール・ミュロ (サロン・ド・テ)

R. de Seine

R. St Sulpice

Starbucks Coffee スターバックス (カフェ)

Cluny la Sorbonne クリュニー・ラ・ソルボンヌ

Bd. St Germain

Hervé Chapelier エルベ・シャプリエ (バッグ)

MUJI (雑貨) 無印良品

Saint Sulpice サン・シュルピス教会

Le Comptoir du Relais ル・コントワール・デュ・ルレ (フレンチ)

Starbucks Coffee スターバックス

agnès b. アニエス・ベー

Vanessabruno ヴァネッサ・ブリュノ (レディス)

Hôtel Odéon Saint Germain P63 ホテル・オデオン・サンジェルマン

P75 カルチエ・ラタンへ

Pierre Hermé ピエール・エルメ

La Crèmerie P60 ラ・クレムリ (ワインバー)

Comptoir de Famille コントワール・ドゥ・ファミーユ (食器 / インテリア小物) P74

Bonpoint ボンポワン (子供服 / サロン・ド・テ)

Le Marché Saint Germain マルシェ・サンジェルマン
この界隈唯一の屋内市場。テイクアウトできる惣菜屋さん、気軽なバーのほか、GAPなどのお店もあり。

R. de Tournon

R. de Médicis

R. Racine

R. de Vaugirard

R. Monsieur le Prince

Palais du Luxembourg リュクサンブール宮殿

Jardin du Luxembourg リュクサンブール公園

Dalloyau ダロワイヨ (ケーキ / 惣菜)

ソルボンヌ大学

Bread & Roses P68 ブレッド・アンド・ローゼズ (パン / ケーキ)

Pl. Edmond Rostand エドモン・ロスタン広場

R. de Fleurus
R. Madame
R. Guynemer

Luxembourg リュクサンブール駅

R. Soufflot
R. Le Goff
R. St Jacques

A Saint Germain des Prés

見どころが
ぎっしり詰まった宝箱

アニエス・ベーやポール＆ジョー、エルベ・シャプリエ、ピエール・エルメ、ジェラール・ミュロなどモードからグルメまで必ず立ち寄りたいお店が並ぶだけでなく、偶然行き着いた通りにもクリエイターの小さなお店やセレクトショップ、グルメの隠れた名店に出会えるうれしい驚きに満ちた場所。サンジェルマンやレンヌなどの大通りをあえて避けて、小道の隅々までくまなく歩きましょう。

19世紀のパリに想いを馳せながら味わう自然派ワインの店

La Crémerie 🍴
ラ・クレムリー

青いファサードに「CREMERIE」の文字が目を引くこのお店は、フランス中の自然派ワインと上質で貴重な食材を揃えたこだわりのエピスリー＆ワインバー。シェフやグルメ評論家たちが足しげく通う、パリの食通の間ではちょっと知られた存在です。18時を過ぎると、おいしいワインとともに、素材の味を存分に引き出した温野菜のサラダやイベリコ豚の生ハムといった絶品のおつまみを味わおうと、食いしん坊のパリジャンたちがつめかけます。
1880年代に建てられた歴史ある建物も、この店が彼らを魅了してやまない理由のひとつ。かつて乳製品を売っていた「クレムリー」を偲ばせるショーケースや絹布に描かれた手描きの天井画は、どれもパリならではの美しさです。

ショーケースには牛と山羊の絵が描かれ、当時はそれぞれのチーズが陳列されていたのだそう。

9 rue des Quatre Vents 75006
電話：01 43 54 99 30
メトロ：Odéon ④⑩
営業日：火−土 10:30−22:00、日 10:30−14:00（食事は平日18時以降、土日はランチもあり）
定休日：月、7月第4週−8月
予算：グラスワイン 7€、1品 9€〜
http://www.lacremerie.fr

Saint Germain des Prés

A

選び抜かれた国産のオーガニックワインがずらりと並ぶ。

オーナーがひと目惚れした、19世紀から変わらないファサード。

日本人の女の子にもぴったりのパリ発ブランド

IRO
イロ

日本のブランド？　と勘違いしてしまいそうな名前を持つ「イロ」は、フランス人のロランとアレック兄弟が立ち上げた正真正銘のパリ・ブランド。日本のテイストを意識したシンプル＆ガーリーなスタイルにクールなエスプリをプラスしたアイテムは、パリの人気セレクトショップでもひっぱりだこ。ますます注目のブランドです。

68 rue des Saint Pères 75007
電話：01 45 48 04 06
メトロ：Saint Germain des Prés ④
営業日：月ー土 10:00－19:00
定休日：日
http://iro.fr
他店舗 ： 53 rue Vieille du Temple 75004（P26）

ちょっとしたところに流行が感じられるベーシックなアイテムは、1枚あるととても便利。毎日活躍してくれそう。

旅の記憶を閉じ込めたスタイリッシュなアロマキャンドル

MEMO
メモ

「MEMO」という名は記憶を意味する「メモワール」から。世界を旅しながら得たインスピレーションでオリジナルの香りを生みだす彼らのスタイルをよく表しています。南仏のグラースで昔ながらの製法で作られる植物性のキャンドルと香水。その土地を連想させる独特な香りと星がきらめくパッケージは、ちょっと気取ったフランスみやげに。

60 rue des Saint Pères 75007
電話：01 42 22 96 63
メトロ：Saint Germain des Prés ④
営業日：月ー木 11:00－14:30/15:30－19:00、
　　　　金・土 11:00－19:00
定休日：日、8月　　http://mymemo.com

シンプルで少しリュクスな雰囲気のアロマキャンドルと香水は、お部屋やバスルームのインテリアとしてもおすすめ。

Saint Germain des Prés

シノワズリを思わせる中庭に面したサロン。

歴史とモダンが融合したパリ左岸の隠れ家的ホテル
Hôtel Odéon Saint Germain
ホテル・オデオン・サンジェルマン　★★★

名の知れたブランドが並んでいるのに、どこか静けさの漂うサン・シュルピス通りにあるこのホテルは、2007年にリニューアルオープンした新しいホテル。1530年に建てられた歴史ある建物をシックに生まれ変わらせたのは、セレブ御用達のホテル・コストやラデュレのシャンゼリゼ店など、パリの人気スポットを次々と手がけるデザイナー、ジャック・ガルシア。天井の梁や石壁の見えるパリの伝統的な雰囲気と、彼独特のバロックモダンが見事に融合しています。4ツ星ホテルに負けないほどの設備とサービスを備え、快適さも大事という旅行者たちの願いを叶えてくれます。
サンジェルマン大通りまで歩いてすぐという絶好のロケーションも魅力のひとつです。

ジャック・ガルシアらしいシック＆ゴージャスな内装が、セレブなパリ滞在を演出。

13 rue Saint Sulpice 75006
電話：01 43 25 70 11
メトロ：Odéon ④⑩
料金：シングル 133€～、ダブル 145€～
http://www.hotelparisodeonsaintgermain.com

Saint Germain des Prés

静けさに包まれたアートなエリア

教会のそびえる広場からセーヌ川まで、このエリアはサンジェルマン界隈でもさらに静かで落ち着いた雰囲気。アートギャラリーを眺めながら歩いたら、ラデュレでちょっと休憩。石畳がすてきなドラクロワ美術館周辺は左岸らしい散策スポット。さらに東へ進めば、にぎやかなビュシ通りやセーヌ通りへ。サン・ミッシェル広場へ続く小道はおみやげを探しながらぶらぶらしましょう。

ミニチュアたちが繰り広げる小さなワンダーランド

Pixi & Cie
ピクシー・エ・カンパニー

扉を開けると、タンタンやバーバパパ、星の王子さまといったおなじみのキャラクターが勢ぞろいで迎えてくれるこのお店は、フランスで目にするほとんどのフィギュアを製造する会社、「ピクシー」のショップ＆ギャラリー。1階は置物やキーホルダー、ポストカード、ジュエリーなどのグッズが並び、手頃なおみやげが見つかります。

そして、ぜひ訪れてほしいのが2階の展示ゾーン。ミニチュアたちがずらりと並ぶ広場のジオラマが圧巻です！ 映画の撮影隊やオーケストラ、整列する小学生たち……眺めていると、いつの間にか小さな世界に引き込まれて時の経つのも忘れてしまいます。パリの思い出につい1つ2つ買ってしまいそうなかわいらしさです。

子供はもちろん、大人の私たちまで夢中にしてしまうミニチュアの魅力。

6 rue de l'Echaudé 75006
電話：01 46 33 88 88
メトロ：Saint Germain des Prés ④、Mabillon ⑩
営業日：火-土 11:00-19:00
定休日：日、月、8月第1〜3週

Saint Germain des Prés   B

広場のざわめきが聞こえてきそうなワクワクする世界。

アパートの窓をのぞき見する、イケない楽しさ?!

「プラリネの魔術師」の異名を持つ人気チョコレート職人

Patrick Roger 🍴

パトリック・ロジェ

今私たちが一番好きなショコラティエがここ。30歳という若さでMOF（フランス国家最優秀職人賞）を獲得した実力派のパトリック・ロジェは、瞬く間にパリに4店舗を構える人気者に成長しました。プラリネにパイ生地を練り込んだDésir（デジール）、玉虫色が美しい半月形のAmazone（アマゾン）、エメラルド色の箱入りアソートがおすすめ！

108 boulevard Saint Germain 75006
電話：01 43 29 38 42　メトロ：Odéon ④⑩
営業日：月ー土 10:30ー19:30
定休日：日、7月11日〜8月20日
http://www.patrickroger.com
他店舗：199 rue Fbg St Honoré 75008（P44）
　　　　91 rue de Rennes 75006（P58）

上：ウインドウを飾るのは超大作のチョコレートの彫像。
左下：箱の底には板チョコが隠れていてびっくり。
右下：サンジェルマン大通りに面したファサード。

130年前から変わらない手作りのオリーブオイル

Huilerie Artisanale J. Leblanc et fils 🍴

ユイルリー・アルチザナル・ジー・ルブラン・エ・フィス

1878年から続くオリーブオイルの老舗メゾン。今もブルゴーニュ地方で、石臼を使った昔ながらの製法で作られています。決して大量生産をしない貴重なオイルは、オリーブの風味がダイレクトに伝わる濃厚な味わい。さまざまなナッツのフレーバーオイルは芳しい香りが口の中でふわっと広がって、シンプルな料理をぐっと引き立ててくれます。

6 rue Jacob 75006
電話：01 46 34 61 55
メトロ：Saint Germain des Prés ④、Mabillon ⑩
営業日：月 14:00ー19:00、火ー土 11:00ー19:00
定休日：日
http://www.huile-leblanc.com

上：オイルのほかに、自然素材を使った塩やスパイスが並ぶ。
左：素朴な風合いの陶器の瓶はおみやげにぴったり。

Saint Germain des Prés B

200年以上の歴史を誇る王室御用達ショコラティエ

Debauve & Gallais
ドゥボーヴ・エ・ガレ

ルイ16世の薬剤師だったスルピス・ドゥボーヴが甥のアントワーヌ・ガレと共に1800年に創業した老舗ショコラティエ。ノスタルジックな絵が描かれた箱にボンボンショコラを詰めれば、上品なおみやげに。チョコを削ったCopaux de chocolat(コポー・ドゥ・ショコラ)で作るショコラショーもおすすめ。歴史的建造物に指定されている優雅な店内も、必見です。

30 rue des Saint Pères 75007
電話 : 01 45 48 54 67
メトロ : Saint Germain des Prés ④
営業日 : 月ー土 9:30ー19:00
定休日 : 日
http://www.debauve-et-gallais.com

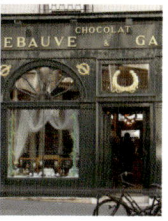

上：どの箱もかわいくて迷ってしまう。
左下：ナポレオン1世御用達の建築家が手がけた店内。
右下：老舗の風格を漂わせるシックなファサード。

フランスらしいアート系のおみやげを探すならここ

Artès
アルテス

ノートやカレンダー、アート本を中心に、ジュエリーやオブジェなどちょっとしたプレゼントにぴったりの小物が揃う楽しいお店。伝説的なMOLESKINE(モレスキン)の見事な品揃えをはじめ、絵画や写真をモチーフにした芸術系ノート、お医者さんの処方箋風レターパッドなど、日本とは一味違う個性的なノートが手頃な価格で見つかります。1枚0.8€のポストカードもおすすめ！

46 rue Saint André des Arts 75006
電話 : 01 46 34 11 73
メトロ : Odéon ④⑩、Saint Michel ④
営業日 : 火ー金 12:00ー19:45、土 13:00ー19:45
定休日 : 日、月
http://www.jnfproductions.com

ノートや手帳が棚にずらりと並んで、文房具好きにはたまらない空間が広がる。アート系ノートはちょっとしたおみやげに喜ばれそう。

Saint Germain des Prés

大通りからボン・マルシェへ向かう小さな散歩道

サンジェルマン大通りも、この辺りまで来ると目ぼしいお店が少なくなります。ここからはセーヌ川に背を向けてバック通りを南へと歩きましょう。惣菜店やカフェ、花屋に交じって、インテリア雑貨、リネン、子供服などシックなお店が並びます。マイヨール美術館や不思議のメダイの聖堂といった見どころも。ボン・マルシェ・デパートの食品館はグルメみやげの宝庫です！

毎日通いたくなるおいしいオーガニックに出会える場所

Bread & Roses
ブレッド・アンド・ローゼズ

2003年の誕生以来、上質な素材を使ったパンや惣菜に惚れ込んだ常連客があとを絶たない人気店。パンはすべて地下の工房で手作りされているオーガニックのもの。臼でひいた粉とパン職人手作りのイーストを使い、昔ながらの機械で9時間もかけて練るという丁寧な仕事が、時間が経っても食感が失われない自然なおいしさを生んでいます。
「おいしいものはボリュームたっぷりじゃないとね」というオーナーのこだわりがつまった大きなケーキはどれもおいしそうで迷いますが、私たちのおすすめは甘さ控えめの生クリームと栗の味わいが絶妙のモンブラン。クセになるおいしさです。歩いてすぐのリュクサンブール公園で味わうのがパリスタイル。

ひと目見たらオーダーせずにはいられない迫力のモンブラン！ 見た目よりもさっぱりした味わい。

7 rue de Fleurus 75006
電話：01 42 22 06 06
メトロ：Saint-Placide ④、Rennes ⑫
営業日：月〜土 8:00〜19:45
定休日：日、8月
予算：オーガニックパン 1.3€〜、ケーキ 6.5€〜、タルト/キッシュのプレート 16€〜
http://www.breadandroses.fr

Saint Germain des Prés

C

新鮮な卵とミルクのブリオッシュや珍しいEpeautre（スペルト小麦）のパンも人気。

目にも鮮やかな色とりどりの野菜を使ったタルト。

どうして子供用なの、と悔しくなるほど可愛いインテリア。

レジカウンターもとってもキュート。

子供たちにひとりじめさせたくない、キュートな雑貨屋さん

Bonton Bazar
ボントン・バザール

シンプル＆カラフルなスタイルの「ボントン」は、パリに4店舗を構えるおしゃれママンたちに人気の子供服ブランド。なかでも、バック通りにあるこの「ボントン・バザール」は、子供部屋を飾るインテリア小物や雑貨、家具、リネン類、食器などが揃い、子供そっちのけでかわいいもの探しに熱中する大人たちが足しげく通うお店。広々とした空間には、サロンや寝室、遊び場といったテーマごとに個性的なディスプレイが並び、大人の私たちも参考にしたくなるすてきなアイデアがたくさんつまっています。キュートな容器のベビーシャンプーやリバティー柄のタオルは、おみやげにもよさそう。セレクトにセンスを感じる絵本コーナーも、ぜひチェックしてみて。

バスコーナーにはベビー用スキンケアとお風呂に浮かべるおもちゃが並ぶ。

122 rue du Bac 75007
電話：01 42 22 77 69
メトロ：Sèvres Babylone ⑩⑫
営業日：月－土 10:00－19:00
定休日：日
http://www.bonton.fr

Saint Germain des Prés

思わず舐めたくなっちゃう大きなアイスが目印。

時間に余裕があるなら、ぜひパフェを味わって。

まじりっけなしの手作りアイスクリーム
Le Bac à Glaces
ル・バック・ア・グラス

ボン・マルシェ・デパートのすぐ隣にあるアイスクリーム屋さん「ル・バック・ア・グラス」は、50年も前からアイスを作り続けてきた老舗。すべて熟練した職人さんの手作りで、保存料や着色料を一切使わないこと、甘さ控えめで素材の味を生かすことがこのお店のポリシーです。バニラやキャラメル、マロンなど濃厚な味わいのアイスクリームから、新鮮なフルーツの味そのままのさっぱりシャーベットまで、どれも抜群のおいしさで、とりわけ生クリームたっぷりのパフェが一番のおすすめ！ いつもの味だけで満足せず、定期的に新しいフレーバーを登場させるのも人気の理由で、柚子や抹茶など和の食材を使うこともあるそうです。クレープもおいしい。

街角のサロン・ド・テといった気軽な雰囲気は、旅行者でも入りやすい。

109 rue du Bac 75007
電話：01 45 48 87 65
メトロ：Sèvres Babylone ⑩⑫
営業日：月―金 11:00－19:00、土 11:00－19:30　定休日：日、8月3週間
http://www.bacaglaces.com

パリジャン＆パリジェンヌと歩くサンジェルマン・デプレ

さらさらのロングヘアがすてきなポリーヌは、バスティーユにあるセレクトショップのオーナーさん。とにかくかわいいものが大好きという彼女に、あまり知られていないサンジェルマン・デプレのおすすめスポットを紹介してもらいました。3軒ともエリアBです。

Pauline

Le Corner des Créateurs
「ル・コーナー・デ・クレアトゥール」（地図 P88）
住所：24 rue de Lappe 75011　電話：09 50 13 20 19
営業日：月－金 14:30－21:00、土 11:30－21:00
休日：日、月、8月
http://www.lecornerdescreateurs.com

Cour du Commerce Saint André
クール・ドゥ・コメルス・サン・タンドレ

サンジェルマン大通りとサン・タンドレ・デ・ザール通りを結ぶ小さなパッサージュ。発祥は1735年にさかのぼり、パリ最古のレストラン「プロコープ」をはじめ、古き良き時代のパリを彷彿とさせるカフェやお店が並びます。

> 古びた石畳と静かで落ち着いた雰囲気がすてきな隠れスポットよ。私のおすすめはサン・タンドレ・デ・ザール通り寄りのレストラン「La Jacobine」。大きな手作りマカロンと紅茶でゆっくりと午後を過ごすのがお気に入りスタイル。隣のおもちゃ屋さん「Terre de Sienne」も覗いてみて。
>
> *Pauline*

boulevard Saint Germain
rue Saint André des Arts
rue de l'Ancienne Comédie
の通りに面した3つの出入り口があります。

Saint Germain des Prés

Da Rosa 🍴
ダ・ローザ

高級ホテルや星付きレストランのシェフたちが厚い信頼を寄せる「ダ・ローザ」は、シンプルながらも質の高い食材が見つかると評判のエピスリー。干しぶどうをチョコで包んだRaisins au Sauternesはおみやげにぴったり。

Pauline

いかにも左岸らしいシックなエピスリー。ワインと一緒に生ハムやスモークサーモン、テリーヌ、サラダ、パスタ、チーズなどをその場で味わえて、どれもびっくりするぐらいおいしいの。お値段はちょっぴり高級だけど、行く価値はあり。食べて気に入ったものを、食品コーナーで買って帰るのが私の楽しみのひとつよ。

住所：62 rue de Seine 75006
電話：01 40 51 00 09
営業日：毎日 10:00−23:00
定休日：無休
http://www.darosa.fr

L'Hôtel Le Restaurant 🍴
ロテル ル・レストラン

モダンに生まれ変わった老舗ホテルに併設されたレストラン。2008年に見事ミシュラン1ツ星を獲得し、シェフ、フィリップ・ベリサンの洗練されたフレンチはさらに高い評価を得ています。リーズナブルなランチが狙い目。

Pauline

サンジェルマン大通りから少し離れた静かな小道に佇む私の隠れ家的スポット。特におすすめなのが「EAT & TREAT」。ホテルのプールサイドでマッサージを受けてから食事を楽しめる、カップルにぴったりのコースよ。レストランを満喫した後は、セーヌ河岸を散歩しながらロマンティックな時間を過ごせるの。

住所：13 rue des Beaux Arts 75006
電話：01 44 41 99 00
営業日：火−土 12:00−15:00/19:00−22:00　定休日：日、月
予算：昼2品コース 42€、夜コース 95€〜、「EAT & TREAT」 1名130€〜
http://www.l-hotel.com

まだある！Saint Germain des Prés のおすすめ

A　Huîtrerie Régis
ユイットルリー・レジス

レジスおじさん自慢の生牡蠣

フランス西海岸マレンヌ・オレロン産の最高級牡蠣の専門店。そのクリーミーな味わいと潮の香りは絶品で、この小さなお店はいつ行っても満員。白ワイン片手に生牡蠣尽くしの食事を楽しもう。

住所：3 rue de Montfaucon　電話：01 44 41 10 07
営：火-日12:00－15:00/18:00－23:00
休：月、7-9月

A　Coco & Co.
ココ・エ・コ

みんな大好き、卵料理

オムレツや目玉焼き、ココットなどいろんなスタイルの卵料理を味わえる専門店。ベイクドポテトやサラダが付いて1皿でお腹いっぱい。鶏小屋をイメージした田舎風の2階席でのんびりブランチを。

住所：11 rue Bernard Palissy　電話：01 45 44 02 52
営：水－金12:00－14:30/19:00－22:30　土・日12:00－18:30　休：月火

A　Eva Lauren
エヴァ・ローレン

カネット通りの秘密のアドレス

ミハエル・ネグリンの元デザイナーが立ち上げたブランド。蝶や花をあしらったフェミニンなジュエリー、天使のモチーフがついたフォトスタンドなど、レトロでロマンティックな小物が見つかるお店。

住所：12 rue des Canettes
電話：01 56 24 30 48
営：月－土11:00－19:00　休：日

A　Comptoir de Famille
コントワール・ドゥ・ファミーユ

フレンチ・カントリー雑貨を探すなら

カフェオレボウル、バター皿、キャニスター、麻のキッチンクロスにエプロンと、花柄やチェックなど昔懐かしい雰囲気の生活雑貨がたくさん揃う。毎日の暮らしにフランスの香りを届けてくれる。

住所：34 rue Saint Sulpice
電話：01 43 26 22 29
営：月13:00－19:00、火－土10:00－19:00　休：日

B　Grom
グロム

パリで味わう絶品イタリアンジェラート

03年にイタリア・トリノに誕生して以来大人気のジェラート店がついにパリ初上陸。着色料・人工香料を一切使わない自然派ジェラートはとにかくおいしい！極上ホイップクリームを忘れずにプラスして。

住所：81 rue de Seine
電話：01 40 46 92 60
営：毎日12:00－24:00　無休

B　Pascal Caffet
パスカル・カフェ

せっかくだから本場で味わいたい

日本にも数店舗を持つ有名ショコラティエ。MOF（フランス国家最優秀職人賞）を獲得し、世界各地で数々の賞に輝く実力派シェフのチョコレートとパティスリーをぜひパリのお店でも味わってほしい。

住所：40 rue Jacob
電話：01 40 20 90 47
営：月11:00－19:30、火－日10:00－19:30　無休

C　Jean Charles Rochoux
ジャン＝シャルル・ロシュー

チョコレート好きなら絶対足を運びたい

ギー・サヴォワや有名ショコラティエで経験を積んだ大ベテラン、ロシューさんのお店。一度食べたら忘れられないボンボン・ショコラはマスト！パリのモニュメントをかたどったものはおみやげに最適。

住所：16 rue d'Assas
電話：01 42 84 29 45
営：月14:30－19:30、火－土10:30-19:30　休：日

C　Jüli
ジュリ

きれいめガーリーを探すならここ

ワンピースやスカート、バッグ、靴、アクセサリーまで、甘すぎない、ほど良いガーリー感が女の子のハートをわし掴みにするセレクトショップ。一度入ったら手ぶらでは出られない危険な!?アドレス。

住所：20 rue d'Assas
電話：01 42 84 45 39
営：火－土10:30－19:30　休：日月

昔も今も学生が闊歩する界隈(カルチエ)

Quartier Latin
カルチエ・ラタン

中世から学問の中心地として栄え、ラテン語を話す教養人が集まったカルチエ・ラタン。現在もソルボンヌなどの有名校や専門書を扱う書店が並び、学生たちでにぎわいます。手早く安く食べられるお店が多いのも特徴。浴場や競技場などガリア・ローマ時代の遺跡が、パリ発祥の地としての趣も感じさせてくれます。

{ 主な観光スポット }

パンテオン

クリュニー中世美術館

セーヌ河岸のブキニスト

ノートルダム大聖堂

植物園

ソルボンヌ大学

ムフタール通り

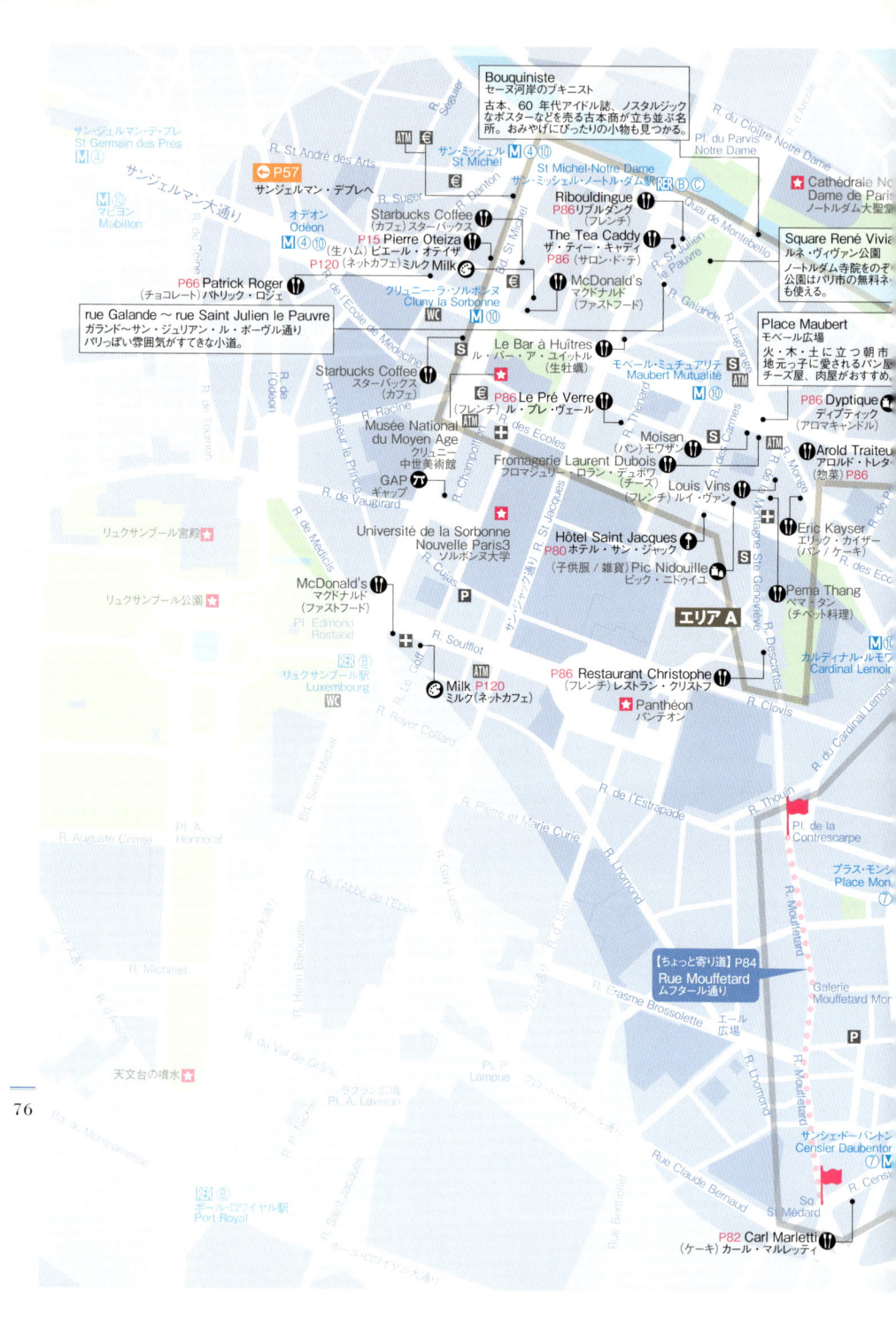

Map of the Latin Quarter, Paris

Bouquiniste セーヌ河岸のブキニスト
古本、60年代アイドル誌、ノスタルジックなポスターなどを売る古本商が立ち並ぶ名所。おみやげにぴったりの小物も見つかる。

- サン・ジェルマン・デ・プレ / St Germain des Prés M④
- マビヨン Mabillon M⑩
- サンジェルマン大通り
- R. St André des Arts
- サン・ミッシェル / St Michel M④⑩
- サン・ミッシェル・ノートルダム駅 / St Michel-Notre Dame RER B C
- Pl. du Parvis Notre Dame
- Cathédrale Notre Dame de Paris ノートルダム大聖堂
- **P57** サンジェルマン・デプレへ
- オデオン Odéon M④⑩
- **Starbucks Coffee** (カフェ) スターバックス
- **P15 Pierre Oteiza** ピエール・オテイザ (生ハム)
- **P120** (ネットカフェ) Milk ミルク
- **Ribouldingue** P86 リブルダング (フレンチ)
- **The Tea Caddy** ザ・ティー・キャディ P86 (サロン・ド・テ)
- **McDonald's** マクドナルド (ファストフード)
- **Square René Viviani** ルネ・ヴィヴァン公園 ノートルダム寺院をのぞむ公園はパリ市の無料Wi-Fiも使える。
- **P66 Patrick Roger** (チョコレート) パトリック・ロジェ
- クリュニー・ラ・ソルボンヌ Cluny la Sorbonne M⑩
- **rue Galande ～ rue Saint Julien le Pauvre** ガランド～サン・ジュリアン・ル・ポーヴル通り パリっぽい雰囲気がすてきな小道。
- **Le Bar à Huîtres** ル・バー・ア・ユイットル (生牡蠣)
- **Place Maubert** モベール広場 火・木・土に立つ朝市 地元っ子に愛されるパン屋 チーズ屋、肉屋がおすすめ。
- **Starbucks Coffee** スターバックス (カフェ)
- **Maubert Mutualité** モベール・ミュチュアリテ M⑩
- **P86 Le Pré Verre** ル・プレ・ヴェール (フレンチ)
- **Dyptique** ディプティック (アロマキャンドル) P86
- **Musée National du Moyen Age** クリュニー 中世美術館
- **Moisan** (パン) モワザン
- **Arold Traiteur** アロルド・トレタ (惣菜) P86
- **Fromagerie Laurent Dubois** フロマジュリー・ロラン・デュボワ (チーズ)
- **GAP** ギャップ
- **Louis Vins** ルイ・ヴァン (フレンチ)
- **Eric Kayser** エリック・カイザー (パン/ケーキ)
- リュクサンブール宮殿
- **Université de la Sorbonne Nouvelle Paris3** ソルボンヌ大学
- **Hôtel Saint Jacques** P80 ホテル・サン・ジャック
- **Pic. Nidouille** ピック・ニドウイユ (子供服/雑貨)
- **Pema Thang** ペマ・タン (チベット料理)
- リュクサンブール公園
- **McDonald's** マクドナルド (ファストフード)
- エリア A
- カルディナル・ルモワヌ Cardinal Lemoine M⑩
- リュクサンブール駅 RER B
- **Milk P120** ミルク (ネットカフェ)
- **P86 Restaurant Christophe** (フレンチ) レストラン・クリストフ
- **Panthéon** パンテオン
- **【ちょっと寄り道】P84 Rue Mouffetard** ムフタール通り
- **Pl. de la Contrescarpe**
- プラス・モンジュ Place Monge ⑦
- Galerie Mouffetard
- 天文台の噴水
- サンシェ・ドーバントン Censier Daubenton ⑦ M
- **P82 Carl Marletti** (ケーキ) カール・マルレッティ
- St Médard
- Port Royal ポール・ロワイヤル駅 RER B

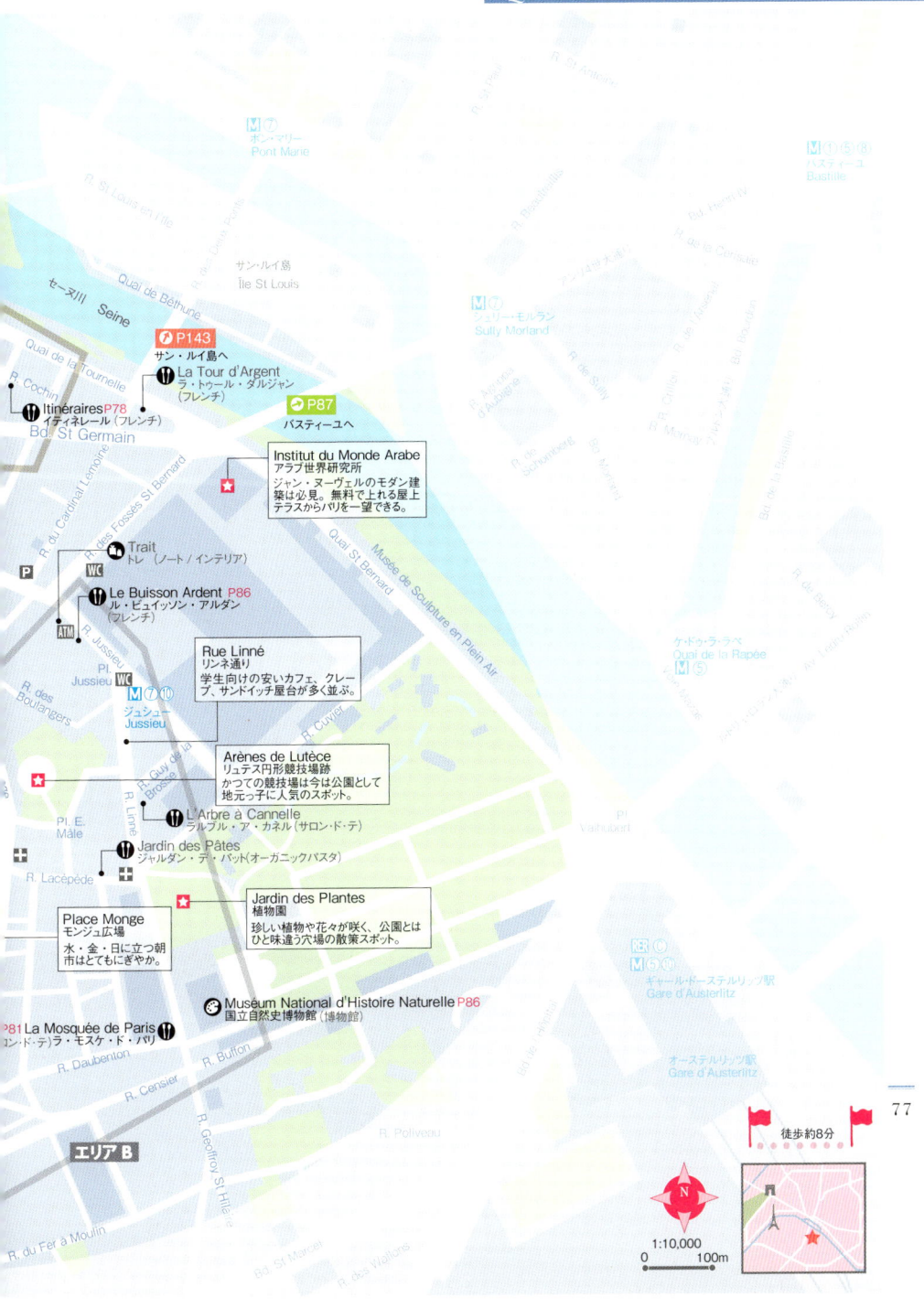

Quartier Latin

Pont Marie
ポン・マリー

Bastille
バスティーユ

サン・ルイ島
Île St Louis

Seine
セーヌ川
Quai de Béthune

Sully Morland
シュリー・モルラン

P143
サン・ルイ島へ

La Tour d'Argent
ラ・トゥール・ダルジャン
(フレンチ)

Itinéraires P78
イティネレール (フレンチ)

Bd. St Germain

P87
バスティーユへ

Institut du Monde Arabe
アラブ世界研究所
ジャン・ヌーヴェルのモダン建築は必見。無料で上れる屋上テラスからパリを一望できる。

Trait
トレ（ノート／インテリア）

Le Buisson Ardent P86
ル・ビュイッソン・アルダン
（フレンチ）

Rue Linné
リンネ通り
学生向けの安いカフェ、クレープ、サンドイッチ屋台が多く並ぶ。

Jussieu
ジュシュー

Quai de la Rapée
ケ・ドゥ・ラ・ラペ

Arènes de Lutèce
リュテス円形競技場跡
かつての競技場跡は今は公園として地元っ子に人気のスポット。

L'Arbre à Cannelle
ラルブル・ア・カネル（サロン・ド・テ）

Jardin des Pâtes
ジャルダン・デ・パット（オーガニックパスタ）

Place Monge
モンジュ広場
水・金・日に立つ朝市はとてもにぎやか。

Jardin des Plantes
植物園
珍しい植物や花々が咲く、公園とはひと味違う穴場の散策スポット。

P81 La Mosquée de Paris
(コンド・テ) ラ・モスケ・ド・パリ

Museum National d'Histoire Naturelle P86
国立自然史博物館（博物館）

Gare d'Austerlitz
ギャール・ドーステルリッツ駅

Gare d'Austerlitz
オーステルリッツ駅

エリア B

徒歩約8分

77

1:10,000
0　　　100m

A Quartier Latin

学生たちの活気に満ちたエリア

ソルボンヌ・パリ第3大学を始めとする教育施設が集中するこのエリア。待ち合わせのメッカ、噴水広場やサンジェルマン大通りはいつも大にぎわいで、ここに集まるたくさんの若い学生たちのエネルギーに満ちあふれています。ド・ゴール空港直通のRER-B線が走るサン・ミッシェル駅周辺やエコール通りは穴場のホテルスポット。パリらしい雰囲気のプチホテルがリーズナブルな料金で見つかります。

人気若手シェフの軽やかフレンチ

Itinéraires
イティネレール

今、パリで最も注目されている若手シェフのひとり、シルヴァン・サンドラさんが2008年にオープンしたレストラン。大通りとセーヌ川を結ぶ静かな通りに立つこのお店は、誕生から1年と経たないうちに10日以上前に予約をしなくては座れない人気店となりました。厳選された旬の食材の旨みを、さまざまな調理法で最大限に引き出す彼の料理は、一見シンプルに見えて実は緻密に計算された味わい。重すぎず、軽すぎず、バランスのとれた爽やかな食感と美しい盛り付けは、日本人の好みにもぴったりと合います。前菜とデザートも抜群においしいので、せっかくだから3品コースを楽しんでほしい。食後は、おいしい余韻に包まれてセーヌのほとりを散歩しましょう。

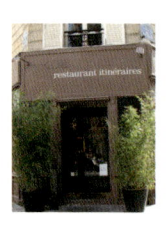

ポントワーズ通りとコシャン通りの角に位置するファサードは、店内と同じくシンプル&モダン。

5 rue de Pontoise 75005
電話：01 46 33 60 11
メトロ：Maubert Mutualité ⑩
営業日：火－土 12:00－14:00/ 19:45－22:30
定休日：日、月、8月
予算：日替わり 14€、2品コース 29€、3品コース 36€

Quartier Latin　　Ⓐ

カウンター席もあり、気軽にひとりごはんを楽しめる。

半熟卵とバスク地方のブダン、キクイモのクリーム添え。

優雅なレリーフが19世紀のフランスを偲ばせる。　　　　　　　　　　　　　通りに面したラウンジで道行く人々を眺めながらひと休み。

19世紀の古き良き時代の空気に包まれて
Hôtel Saint Jacques
ホテル・サン・ジャック ★★

オペラのような人気エリアの華やかさはないけれど、同じランクでも客室はひと回り大きく、リーズナブルな料金のホテルが集まるカルチエ・ラタン。なかでも、ホテル・サン・ジャックは広くて快適、そして1850年に建てられた館を用いた古き良き時代を感じさせるおすすめのホテル。せっかくのパリ旅行、味気ないモダンなインテリアではなくパリらしい空間を提供したかったというオーナーの情熱が見事に実現したホテルです。エアコン、無料ネット接続、エレベーターなどの設備は万全、清潔な浴室と親切なスタッフは好感が持てます。近くにはスーパーやカフェ、徒歩5分ほどでセーヌ川、その先にはノートルダム大聖堂とロケーションもマル。障害者用客室も整い、2ツ星以上の価値あり。

昔のままの姿を留める美しい階段やドアには、この館に対するオーナーの愛情を感じる。

35 rue des Ecoles 75005
電話：01 44 07 45 45
メトロ：Maubert Mutualité ⑩
料金：シングル 82€〜、ダブル 94€〜
http://www.paris-hotel-stjacques.com

Quartier Latin B

パリジャンたちの日常を
肌で感じよう

カルチエ・ラタンもここまで来ると、すれ違う旅行者の数もぐんと減ります。それでも、あまり馴染みのないこの界隈を紹介するのはいろんな見どころが隠れているから。モダン建築が美しいアラブ世界研究所、学生でにぎわうジュシュー大学、植物園とリュテス円形競技場跡は穴場の癒しスポット、モンジュ広場の朝市と庶民的なムフタール通り。気取らないパリの日常を垣間見られるエリアです。

カルチエ・ラタンでお茶をするなら
La Mosquée de Paris
ラ・モスケ・ド・パリ

カルチエ・ラタンの一角にそびえる白いモスクは、多くのイスラム教徒が暮らすパリの知られざる一面を象徴する建物。実際に礼拝堂として使われていますが、パリジャンにとってはハマムやサロン・ド・テが憩いの場として人気を集めています。天気の良い午後は、木陰のテラスに座って甘いミントティーを味わいましょう。

39 rue Geoffrey Saint Hilaire 75005
電話 : 01 43 31 38 20
メトロ : Censier Daubenton ⑦、Place Monge ⑦
営業日 : 毎日 9:00－24:00(レストランは12:00〜)
定休日 : 無休
予算 : ミントティー 2€、お菓子 2€、クスクス 12€〜
http://www.la-mosquee.com

上 : 白壁に木々の緑、そこに映える青い籐チェア。
左下 : 美しい模様のグラスに注がれるミントティー。
右下 : くつろいだ雰囲気の館内ではクスクスを。

愛らしい色と形のルリジューズはサクサクで軽め。

ジュエリーのような美しさをたたえるパティスリー
Carl Marletti
カール・マルレッティ

カフェ・ド・ラ・ペでシェフ・パティシエを務めていたカール・マルレッティさんが2007年末にオープンしたパティスリー。シックな店内は、宝石店のような雰囲気にしたかったというカールさんのアイデア。確かに、ショーケースに整列するケーキはどれもジュエリーに負けないうっとりする美しさです。通りの名前を冠したCensier(サンシエ)は、プラリネ風味のライス・スフレとチョコレート、そして口の中ではじける砂糖が楽しいケーキ。エクレアやルリジューズはシュー皮にサブレ生地を巻いたサクサクの食感が最高！ クラシックなケーキもオリジナルな工夫がプラスされて、新しい驚きに出会えます。カールさんの代表作、ミルフイユは絶対に味わってくださいね。

ここでしか味わえないミルフイユはパリっと焼いたパイ生地と濃厚なバニラクリームが絶妙。

51 rue Censier 75005
電話：01 43 31 68 12
メトロ：Censier Daubenton ⑦
営業日：火～土 10:00～20:00、
日 10:00～13:30
定休日：日午後、月、8月3週間
http://www.carlmarletti.com

Quartier Latin

B

店内はまるで宝石店のようなエレガントな雰囲気。

ちょっと寄り道

Rue Mouffetard
ムフタール通り

「パリの胃袋」の愛称で親しまれるにぎやかなムフタール通りは、ローマ時代からあったとされるパリ最古の通りのひとつ。新鮮な野菜や果物を売る市場が立ち並ぶサン・メダール教会前の広場をスタート地点に、ゆるやかな坂になっている通りを上っていくと、チーズ、パン、お肉、ワイン、惣菜、チョコレート……食いしん坊にはたまらないお店が軒を連ねます。学生の多いカルチエ・ラタンに近いこともあって、軽く食べられるブラッスリー、テイクアウトのクレープやタルト、ケバブを売る店もたくさん。そして、坂を上りきったらコントルスカルプ広場のカフェでひと休みしましょう。パリの下町気分を満喫できる寄り道コースです。

まだある！ Quartier Latin のおすすめ

A　Restaurant Christophe
レストラン・クリストフ

素直なおいしさに顔がほころぶ
パンテオンの裏手に佇む小さなレストラン。シンプルな調理法で厳選した食材の旨味を最大限に引き出す、好感の持てるフレンチ。まずは1品12€、2品16€、3品19€のランチコースから試してみて。

住所：8 rue Descartes
電話：01 43 26 72 49
営：金一火12:00-14:00/19:00-22:00　休：水木

A　Le Pré Verre
ル・プレ・ヴェール

東京進出を果たしたパリのビストロ
ランチ13.5€、3品28.5€という破格の値段で、想像を超える独創的なフレンチを味わえるビストロ。地元っ子に愛されるくつろいだ空気も魅力。2007年に東京店もオープンし、注目度の高まるお店。

住所：8 rue Thénard
電話：01 43 54 59 47
営：火一土12:00-14:00/19:30-22:30　休：日月

A　The Tea Caddy
ザ・ティー・キャディ

ゆったり過ごす英国式サロン・ド・テ
がっしりとした木の扉が少しよそよそしい印象のこのお店は、一歩足を踏み入れると外の喧騒が嘘のような静けさに包まれたサロン・ド・テ。手作りのスコーンを紅茶とともに味わえる、秘密のアドレス。

住所：14 rue St Julien Le Pauvre
電話：01 43 54 15 56
営：月、水一日11:00-19:00　休：火

A　Ribouldingue
リブルダング

臓物料理の概念を覆す創作フレンチ
このレストランのテーマは、臓物。お皿の上に美しく盛られた洗練された料理を見ただけでは、まさか臓物を使っているとは想像できないから驚き。昼夜コース30€以下という値段もうれしい。

住所：10 rue St Julien Le Pauvre　電話：01 46 33 98 80　営：火一土12:00-14:30/19:30-22:30（土夜のみ）　休：土昼、日月

A　Arold Traiteur
アロルド・トレター

ちょっと贅沢なホテルごはんに
『ゴー・ミヨー』が選ぶ「ベスト惣菜屋」に輝いたお店。シェフは近くのフレンチ「ルイ・ヴァン」オーナーのご子息。味はもちろん見た目の美しさにうっとりの惣菜や、8〜10€の日替わりおかずをテイクアウト。

住所：3 rue Monge
電話：01 43 54 46 97
営：火一日10:00-20:30（日午前のみ）　休：月

A　Dyptique
ディプティック

パリのアロマキャンドルといえばここ
1961年創業の老舗アロマキャンドル店。顧客リストには多くのセレブや政治家たちが名を連ねるアロマキャンドルの代表格。シンプルなデザインのラベルは部屋の雰囲気作りに一役かってくれる。

住所：34 bd St Germain
電話：01 43 26 77 44
営：月一土10:00-19:00　休：日

B　Le Buisson Ardent
ル・ビュイッソン・アルダン

モダン・フレンチをアール・デコの中で
伝統フレンチに変わった食材やスパイスを融合させたオリジナルな料理を昼2品16€、3品18€で楽しめるのだからオトク。1925年築の建物は、壁画や豪華なランプがアール・デコの時代を偲ばせる。

住所：25 rue Jussieu　電話：01 43 54 93 02
営：月一土12:30-14:00/19:30-22:00（土夜のみ）
休：土昼、日

B　Muséum National d'Histoire Naturelle
国立自然史博物館

大迫力！動物の剥製たちの行進は必見
「ラ・モスケ・ド・パリ」（P81）の斜め前に位置する博物館は、総面積6000㎡に7000種もの動植物が展示されている貴重な場所。大人9€。

住所：36 rue Geoffroy Saint Hilaire　電話：01 40 79 54 79　営：月、水一日10:00-18:00　休：火

庶民的でにぎやかなパリ東部の中心地

Bastille
バスティーユ

昔はフランス革命の舞台として、今はオペラ鑑賞のメッカとしてその存在感を示すバスティーユ広場。中世から工芸が盛んで、とりわけ家具のアトリエが多く存在していました。伝統的な家具店が少しずつ姿を消し、新しいブティックが幅を利かせる今でも、小道やパッサージュには職人たちの時代を思わせる風景が残っています。

［主な観光スポット］

バスティーユ広場

オペラ・バスティーユ

エリア A

- Place des Vosges
  ヴォージュ広場
- M① サン・ポール
  St Paul
- サン・ポール・
  サン・ルイ教会
- P25 マレへ
- Rue de la Roquette
  ロケット通り
  手早く安く食べられる中華や
  サンドイッチ店などが多い。
- M⑤ ブレゲ・サバン
  Bréguet Sabin
- P131 サン・マルタン運河へ
- Starbucks Coffee
  (カフェ)スターバックス
- McDonald's
  マクドナルド (ファストフード)
- Pl. de la Bastille
  バスティーユ広場
- M①⑤⑧ バスティーユ
  Bastille
- Le Corner des Créateurs
  ル・コーナー・デ・クレアトゥール
  (セレクト) P72
- Starbucks Coffee
  スターバックス(カフェ)
- (CD/DVD) Fnac Music
  フナック・ミュージック
- P143 サン・ルイ島へ
- SEPHORA
  (コスメ)セフォラ
- habitat
  (インテリア)アビタ
- L'Occitane
  (コスメ)ロクシタン
- Opéra Bastille
  オペラ・バスティーユ
- M⑦ シュリー・モルラン
  Sully Morland
- Croisière du Canal Saint Martin
  サン・マルタン運河クルーズ乗り場
  バスティーユからラ・ヴィレットまで、2時
  間半の運河クルーズ。
- M⑤ ケ・ド・ラ・ラペ
  Quai de la Rapée
- Seine セーヌ川
- Musée de Sculpture en Plein Air

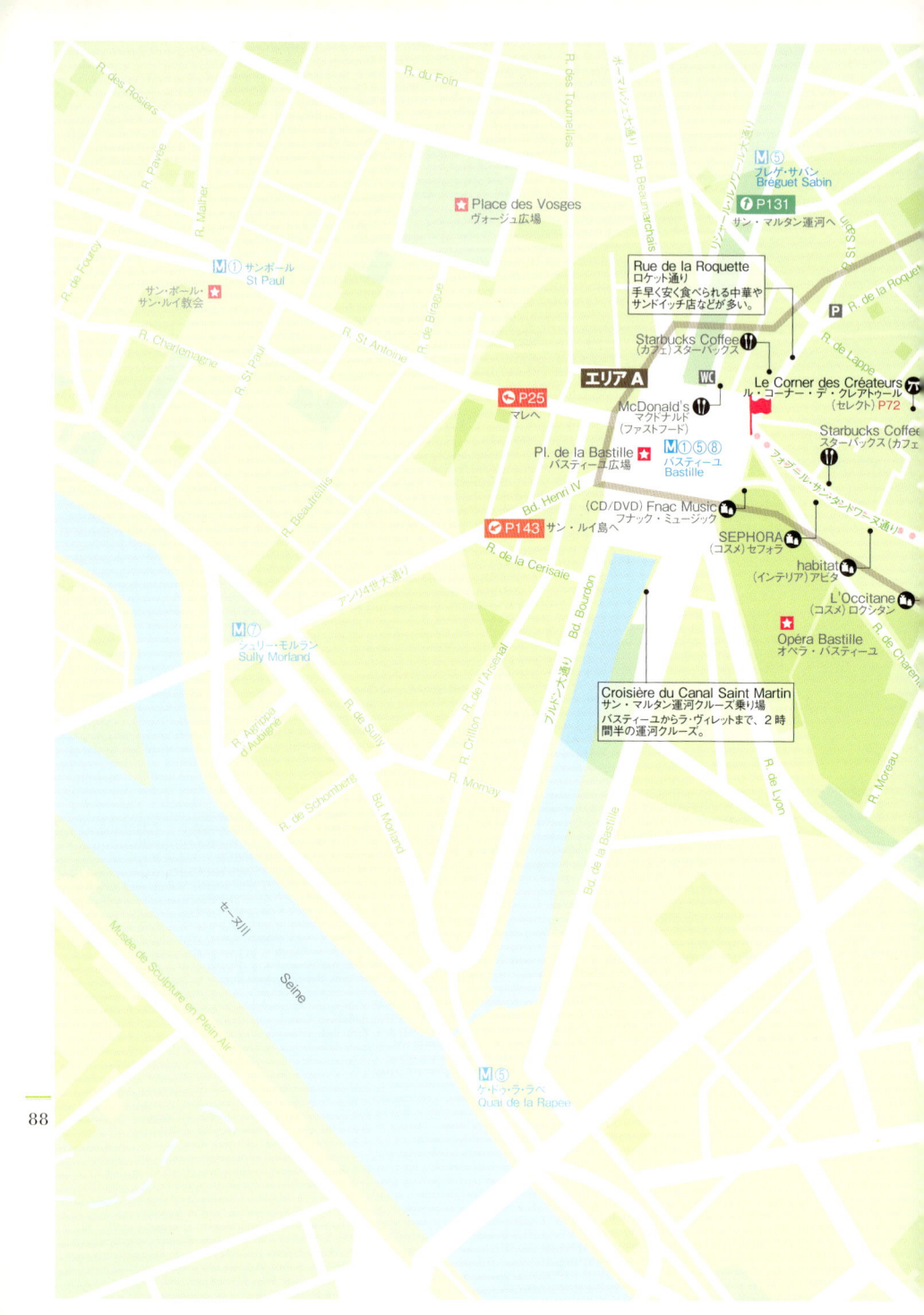

Bastille

- Loulou Addict P92
  ルルウ・アディクト
  (インテリア雑貨 / 子供服)

- Anne Willi P93
  アンヌ・ウィリー (レディス / 子供服)

- Des Petits Hauts P96
  デ・プチ・オ (レディス)

- Pause Café P96
  ポーズ・カフェ (カフェ)

- P96 Caffe Moro
  カフェ・モロ

- P96 Sessùn
  (レディス) セッスン

- Chez Paul
  シェ・ポール
  (フレンチ) P96

- Isabel Marant
  イザベル・マラン
  (レディス)

- FrenchTrotters P90
  フレンチトロッターズ (セレクト)

- delphine pariente P96
  デルフィーヌ・パリアント (アクセサリー)

- Les Fleurs レ・フルール P94
  (インテリア雑貨 / アクセサリー)

- Hôtel Baudelaire Bastille P93
  ホテル・ボードレール・バスティーユ

- Morry's モリーズ P96
  (ベーグル)

- Petit Bateau プチバトー (子供服 / レディス)

- Princesse tam.tam
  プリンセス・タムタム (ランジェリー)

- MUJI (雑貨)
  無印良品

- Ledru Rollin
  ルドリュ・ロラン

- Le Petit Café P95
  ル・プチ・カフェ
  (カフェ)

- Comptoir des Cotonniers
  コントワー・デ・コトニエ
  (レディス)

- GAP
  ギャップ
  (レディス / メンズ / 子供服)

- McDonald's
  マクドナルド
  (ファストフード)

- Lilli Bulle P95
  リリ・ビュル (子供のセレクト)

- Faidherbe Chaligny
  フェデルブ・シャリニー

- Blé Sucré
  ブレ・シュクレ
  (ケーキ / パン)
  P96

- Square Trousseau
  トゥルソー公園
  小さいけれど緑の多い公園。「ブレ・シュクレ (P96)」で買ったパンやケーキをここで食べよう。

- Marché d'Aligre
  アリーグル市場
  火〜日の午前中に立つ庶民的でにぎやかなマルシェ。

- Reuilly Diderot
  ルイーイ・ディドロ

- Gare de Lyon
  ギャール・ドゥ・リヨン駅

- リヨン駅
  Gare de Lyon

1:8,000 100m

徒歩約7分

89

A Bastille

ほかにはない
個性的なお店に出会えるエリア

7月革命の円柱が建つ広場と新オペラ座を除いては、これといった観光スポットのないバスティーユ界隈。どうしても訪れる優先順位が低くなってしまいがちですが、シャロンヌ通りとケレル通りはぜひ歩いてほしい場所。2時間もあれば回れる小さなエリアに、クリエイターブランド、セレクトショップ、アクセサリー店、雑貨、カフェなどが並び、この地区ならではの不思議な魅力を発見できます。

彼と一緒に楽しめるおしゃれセレクトショップ
French Trotters ㊆
フレンチトロッターズ

バスティーユの中でも特に注目のブティックが並ぶシャロンヌ通り。「ファッションとアートが融合した空間」をテーマにしたこのお店のオーナーは、キャロルさんとクロランさんのおしゃれカップル。彼らがセレクトするのは、APC、レ・プレリー・ド・パリ、エロトクリトス、キャシャレル、ギャスパー・ユルケヴィッチなど、パリのエスプリを感じさせるブランドをはじめ、マロレスやアヴリル ゴウなどの人気シューズブランド、そしてポルダー、セルヴァンヌ・ガクソット (P58)、メディスン・ドゥース (P140) といったパリならではのジュエリーブランド。メンズの服や靴も充実していて、カップルで楽しめるのがこのショップの魅力。どちらもセレクトにセンスの良さが光ります。

とてもキュートなオーナーのキャロルさん。迷ったらおしゃれな彼女にアドバイスをもらって。

30 rue de Charonne 75011
電話：01 47 00 84 35
メトロ：Bastille ①⑤⑧、Ledru Rollin ⑧
営業日：月 14:30－19:30、
火－土 11:30－19:30
定休日：日、8月
http://www.frenchtrotters.fr

Bastille

美しくディスプレイされた店内はギャラリーのよう。

ノスタルジックな絵柄がかわいい食器たち。　　　　　水玉と花柄がトレンドマークの北欧ブランド、Green Gate。

かわいいパリの思い出を見つけよう
Loulou Addict
ルゥルゥ・アディクト

ショーウインドウを覗くだけでワクワクしてしまうほどかわいいオーラを放つこのお店は、いつもの暮らしをちょっぴりカラフルに染めてくれる食器やリネン、インテリア小物が揃う雑貨屋さん。オーナーのセシルさんが「好きなものだけ集めた」という店内は、いろんなものがそこかしこに飾られて、まるで彼女の部屋を訪れている気分になります。薄いグレー地に小さな水玉がキュートなカフェオレボウルや英国風の花柄のお皿、防水加工された北欧デザインのテーブルクロスなど、あるようでなかったアイテムに出会える宝箱のようなお店。じっくり眺めていると時の経つのも忘れてしまいそう。子供部屋に見立てた地下では、さすがパリ！　という変わった柄のパンツやよだれかけが見つかります。

防水加工のテーブルクロスはつまらない柄ばかり！　と嘆いている人はぜひチェックしてみて。

25 rue Keller 75011
電話：01 49 29 00 61
メトロ：Bastille ①⑤⑧、Ledru Rollin ⑧
営業日：月 14:00－18:00、火－土 11:30－19:30
定休日：日、8月
http://www.louloaddict.com

Bastille

パリらしいセンスをまとった大人と子供のための服
Anne Willi
アンヌ・ウィリー

着心地の良さが丁寧な仕事ぶりを感じさせると、日本でも定評のある「アンヌ・ウィリー」。ここは彼女のクリエイションの源となるアトリエ・ブティック。アシンメトリーだったりエプロン風だったり、個性的なプリント柄の布地を用いた彼女のデザインはどこか遊び心を感じさせます。着やすさと上品さを兼ね備えた子供服のラインも、パリのおしゃれママンの間で人気。

13 rue Keller 75011
電話：01 48 06 74 06
メトロ：Bastille ①⑤⑧、Ledru Rollin ⑧
営業日：月 14:00－20:00、火－土 11:30－20:00
定休日：日
http://www.annewilli.com

シンプルな店内に飾られたワンピースは、思わず手にとってみたくなる魅力を放つ。子供用も大人用も一貫して凛とした美しさを感じさせるデザイン。

立地の良さと料金がなによりの魅力！
Hôtel Baudelaire Bastille
ホテル・ボードレール・バスティーユ　★

旅行の予算を削るならとにかく宿代、という人におすすめのホテル。エレベーターはないけれど、ルドリュ・ロラン駅から歩いて1分以内、バスティーユ広場までも5分という見事な立地で、ツイン1人当たり40€程度で泊まれる場所はそうありません。リニューアルしたてのエアコン付きDeluxe（デラックス）がイチオシです。

12 rue de Charonne 75011
電話：01 47 00 40 98
メトロ：Bastille ①⑤⑧、Ledru Rollin ⑧
料金：シングル 53€～、ダブル/ツイン 62€～、
デラックス 96€～
http://www.paris-hotel-bastille.com

オレンジがテーマカラーのデラックスルームはリニューアルしたてで気持ち良い。パリらしいこぢんまりとした中庭にのぞむ部屋も。

パリジャン&パリジェンヌと歩くバスティーユ

Nathalie

普段の暮らしをキュートに変身させてくれるアイデアがたくさん詰まった、インテリア本や手芸本を手がけるナタリー。仕事でもプライベートでも、かわいい雑貨には目がないという彼女のお気に入りアドレスを紹介してもらいました。

"Guirlandes de lumière"
フランスらしいアイデアにあふれた手作りランプ

"Bagues de perles"
ビーズで手作りするかわいいリング

"Journal de ma grossesse"
妊娠の記録ができるすてきなアルバム

ナタリーのサイト：http://www.mademoiselle-ninon.com

Les Fleurs
レ・フルール

シャロンヌ通りから伸びる小道に隠れるように佇む「レ・フルール」は、かわいいもの好きのパリジェンヌたちのクチコミで大人気となったアクセサリーと雑貨のお店。時間の経つのも忘れてあれもこれもと目移りしてしまう。

写真撮影に使う小物を探していたときに見つけたお店。花や鳥のモチーフがついたネックレス、リボンのリング、リバティのバッグ、リスのキャンドル、うさぎのランプ、ポストカード……セレクトが私にぴったりで全部買い占めたくなっちゃうから危険なの！娘たちと一緒になって、幼い頃のワクワク感をもう一度体験できる本当にすてきな場所。

Nathalie

6 passage Josset 75011
電話：01 43 55 12 94
営業日：火〜金 13:00〜19:30、
土 11:30〜19:30
定休日：日、月、7月中旬〜8月下旬
http://lesfleurs.canalblog.com

Le Petit Café 🍴

ル・プチ・カフェ

その名のとおり、昔ながらの小さなカフェといった風情のここは、マダム・アルレットがたった1人で20年以上も切り盛りするお店。かつては家具職人たちが、今はクリエイターたちが集まるこの界隈の憩いの場。

Nathalie

螺旋階段のある懐かしい雰囲気が大好きで、バスティーユに来ると必ず娘たちを連れて足を運ぶの。背すじがピンと伸びた上品なマダム・アルレットを慕ってやって来る学生や若いアーティストでいつもにぎやか。キッシュとサラダのランチや午後のタルトもリーズナブルでおすすめ。ずっと無くなってほしくない大切なアドレスよ。

88 rue du Faubourg Saint Antoine 75011
電話：01 43 43 11 63
営業日：月－土 10:00－20:00（月は午後のみ）
定休日：日、月午前中

Lilli Bulle

リリ・ビュル

2000年に誕生した、パリで第1号の子供のためのセレクトショップ。ここがブームの火付け役となり、今やフランス国内に同じコンセプトのお店が次々とオープンしています。セレブ・ママのお気に入りショップとしても有名。

Nathalie

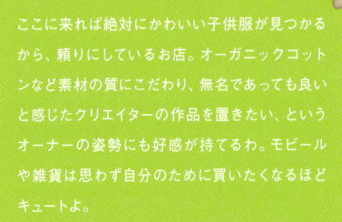

ここに来れば絶対にかわいい子供服が見つかるから、頼りにしているお店。オーガニックコットンなど素材の質にこだわり、無名であっても良いと感じたクリエイターの作品を置きたい、というオーナーの姿勢にも好感が持てるわ。モビールや雑貨は思わず自分のために買いたくなるほどキュートよ。

3 rue de la Forge Royale 75011
電話：01 44 41 99 01
営業日：月 13:00－19:00、火－金 10:00－13:30/15:00－19:00、土 11:30－19:00
定休日：日、8月3週間
http://lillibulle.typepad.com/boutique

まだある！ Bastille のおすすめ

Chez Paul
シェ・ポール

古き良き時代のパリがよみがえる

1900年に建てられた当時そのままの内装を維持する、この歴史あるレストランは、バスティーユでも一種独特の雰囲気を放つ存在。自家製フォアグラやエスカルゴなど伝統的なフレンチを味わって。

住所：13 rue de Charonne
電話：01 47 00 34 57
営：毎日12:00－14:30/19:00－24:30　無休

Blé Sucré
ブレ・シュクレ

旬のフルーツが主役のケーキ

バスティーユ近くの緑あふれる公園前にあるこのパティスリーでは、季節のフルーツを生かしたおいしいケーキをリーズナブルに味わえる。パンもおいしく、地元のパリジャンでいつも賑わうお店。

住所：7 rue Antoine Vollon
電話：01 43 40 77 73
営：火－土7:00－19:30 日7:00－13:30　休：月

Morry's
モリーズ

おいしいNY風ベーグルをテイクアウト

「グランド・セントラル」や「ウォール街」などNYにちなんだ名前がついたベーグルは、目の前で作ってくれるのでフレッシュでおいしい。チーズケーキもおすすめ。お昼どきには狭いお店がいっぱいに。

住所：1 rue de Charonne
電話：01 48 07 03 03
営：月－土9:00－18:00　休：日

Pause Café
ポーズ・カフェ

バスティーユのシンボル

近所に暮らすおしゃれピープルたちが行きつけにしているバスティーユのシンボル的カフェ。カフェとして使えるのはもちろん、ボリュームたっぷりの食事メニューもなかなかのおいしさ。

住所：41 rue de Charonne
電話：01 48 06 80 33
営：月－土7:45－2:00 日9:00－20:00　無休

Caffe Moro
カフェ・モロ

気軽に使えるイタリアン食堂

野菜のマリネやパスタなど、カジュアルなイタリアンを手軽に食べられるこのお店は、地元っ子が集う定食屋のような存在。バスティーユめぐりに疲れた午後は、おいしいエスプレッソでひと休みしよう。

住所：31 rue de Charonne
電話：01 43 14 06 39
営：月－土8:00－23:00　休：日

Des Petits Hauts
デ・プチ・オ

キュートなトップスを探して

ベーシックな色合いとディテールにこだわった、パリらしいデザインのトップスのみを扱う珍しいコンセプトで2000年に誕生したブランド。今ではパリ中でお店を見かけるほどの人気。

住所：5 rue Keller
電話：01 43 38 14 39
営：月－土11:30－14:00/14:30－19:30　休：日

Sessùn
セッスン

マルセイユ発のカジュアルブランド

マルセイユ生まれのデザイナーが生み出すのは、どこか海の香りを思わせるようなカジュアルなスタイル。すっかりパリジェンヌのお気に入りで、セレクトショップでもよく見かける。

住所：30 rue de Charonne
電話：01 48 06 55 66
営：月－土11:00－19:00　休：日

delphine pariente
デルフィーヌ・パリアント

世界にたったひとつだけの宝物

デザイナーのデルフィーヌさんが蚤の市で見つけたアンティーク小物を素材に手作りする、オリジナルのアクセサリーが揃う。骨董店のようにノスタルジックなお店の雰囲気もすてき。

住所：30 rue de Charonne
電話：01 43 38 36 70
営：月－土11:30－19:30　休：日

パリのなかの田舎を見つけて

Montmartre
モンマルトル

19世紀半ばにパリに併合されるまで郊外の農村だったモンマルトル。そのシンボルだった風車と葡萄畑は姿を消しつつあるけれど、「パリのなかの田舎」とも呼ぶべき趣は失われていません。パリで一番高いこの丘を上り下りするための階段や坂道、昔ながらの入り組んだ小道を歩きながら、モンマルトルの歴史をたどりましょう。

{ 主な観光スポット }

サクレ・クール寺院

テルトル広場

ムーラン・ルージュ

モンマルトル墓地

ギュスターヴ・モロー美術館

エスパス・ダリ・モンマルトル

ラパン・アジル

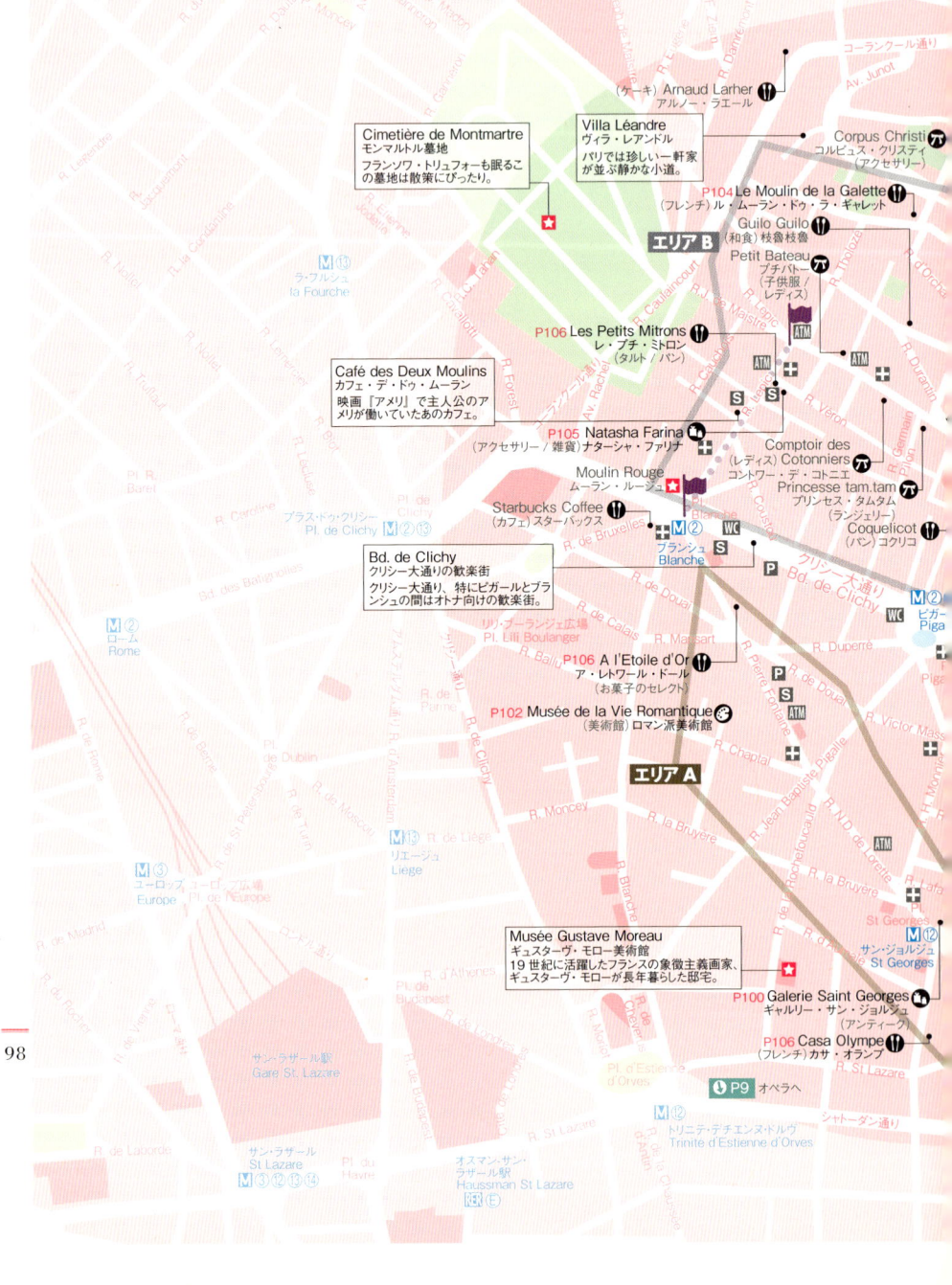

(ケーキ) Arnaud Larher
アルノー・ラエール

Cimetière de Montmartre
モンマルトル墓地
フランソワ・トリュフォーも眠るこの墓地は散策にぴったり。

Villa Léandre
ヴィラ・レアンドル
パリでは珍しい一軒家が並ぶ静かな小道。

Corpus Christi
コルピュス・クリスティ
(アクセサリー)

P104 Le Moulin de la Galette
(フレンチ) ル・ムーラン・ドゥ・ラ・ギャレット

Guilo Guilo
(和食) 枝枝魯

Petit Bateau
プチバトー
(子供服/レディス)

ラ・フルシュ
la Fourche

P106 Les Petits Mitrons
レ・プチ・ミトロン
(タルト/パン)

Café des Deux Moulins
カフェ・デ・ドゥ・ムーラン
映画『アメリ』で主人公のアメリが働いていたあのカフェ。

P105 Natasha Farina
(アクセサリー/雑貨) ナターシャ・ファリナ

Comptoir des Cotonniers
(レディス) コントワー・デ・コトニエ

Princesse tam.tam
プリンセス・タムタム
(ランジェリー)

Moulin Rouge
ムーラン・ルージュ

Starbucks Coffee
(カフェ) スターバックス

Coquelicot
(パン) コクリコ

プラス・ドゥ・クリシー
Pl. de Clichy

ブランシュ
Blanche

Bd. de Clichy
クリシー大通りの歓楽街
クリシー大通り、特にピガールとブランシュの間はオトナ向けの歓楽街。

ローマ
Rome

ピガール
Pigalle

Pl. Lili Boulanger

P106 A l'Etoile d'Or
ア・レトワール・ドール
(お菓子のセレクト)

P102 Musée de la Vie Romantique
(美術館) ロマン派美術館

エリア A

ユーロップ
Europe

リエージュ
Liege

Musée Gustave Moreau
ギュスターヴ・モロー美術館
19世紀に活躍したフランスの象徴主義画家、ギュスターヴ・モローが長年暮らした邸宅。

サン・ジョルジュ
St Georges

P100 Galerie Saint Georges
ギャルリー・サン・ジョルジュ
(アンティーク)

P106 Casa Olympe
(フレンチ) カサ・オランプ

P9 オペラへ

サン・ラザール駅
St Lazare

サン・ラザール駅
Gare St. Lazare

トリニテ・デチエンヌ・ドルヴ
Trinité d'Estienne d'Orves

オスマン・サン・ラザール駅
Haussman St Lazare

シャトーダン通り

98

Montmartre

Lapin Agile
ラパン・アジル
モンマルトルに暮らした芸術家たちに愛されたシャンソン酒場。世代を超えて楽しめる。

Le Clos Montmartre
ル・クロ・モンマルトル
かつてモンマルトルでワイン製造が行われていた時代を偲ばせる小さな葡萄畑。

Musée de Montmartre
モンマルトル博物館

Place du Tertre
テルトル広場
似顔絵描きの画家とカフェのテラスでいつもにぎわう広場。

Basilique du Sacré Cœur
サクレ・クール寺院
モンマルトルの丘のてっぺんにそびえるこの寺院の前から望むパリの絶景は見逃せない。

Espace Dali Montmartre
エスパス・ダリ・モンマルトル

Chinemachine P103
シンマシン (古着)

Funiculaire de Montmartre
モンマルトルのケーブルカー乗り場
丘の上り下りが辛い！という人はケーブルカーを活用。メトロのチケットがそのまま使えるので便利。

Au Grain de Folie P106
オ・グラン・ドゥ・フォリ
(オーガニック)

M.A.C
マック (コスメ)

Häagen Dazs (アイスクリーム)
ハーゲン・ダッツ

Antoine et Lili
アントワーヌ・エ・リリ
レディス／子供服

L'Objet qui Parle P106
ロブジェ・キ・パルル
(アンティーク)

Emmanuelle Zysman P106
エマニュエル・ジスマン (アクセサリー)

Séries Limitées P106
セリ・リミテ (セレクト)

Cul de Poule P106
キュ・ドゥ・プール (フレンチ)

Fuxia
フューシャ (イタリアン)

Arnaud Delmontel
アルノー・デルモンテル (パン／ケーキ)

Rose Bakery P30
ローズ・ベーカリー (オーガニックカフェ)

Fuxia (イタリアン)
フューシャ

Rue des Martyrs
マルティール通り
パンやケーキ、チーズ、惣菜などの商店やおいしいビストロが軒を連ねる。

1:10,000　0 100m

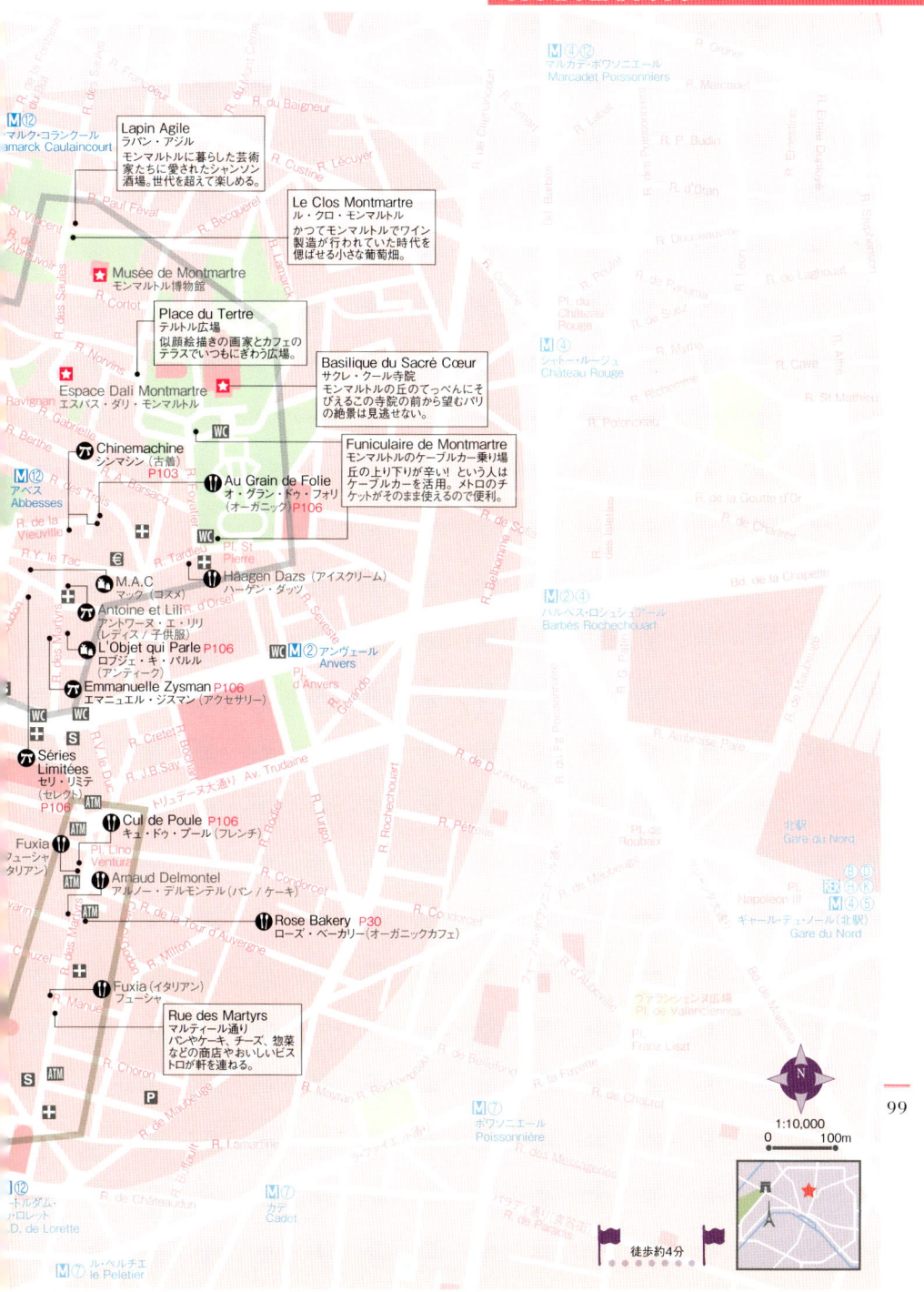

徒歩約4分

A Montmartre

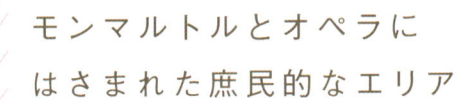

モンマルトルとオペラにはさまれた庶民的なエリア

モンマルトルの丘の南に位置するこのエリアは、オペラへも近くパリの中心にあるのに、どことなく昔ながらの風情を残しているのが魅力。とりわけ、庶民的な商店とおしゃれなビストロが共存するマルティール通りは、パリジャンたちの暮らしぶりを肌で感じられるようです。有名な観光スポットがあるわけではないけれど、だからこそ、普段着のパリの表情を垣間見ることができるエリアです。

新品にはないアンティークのぬくもりを子供たちに

Galerie Saint Georges
ギャルリー・サン・ジョルジュ

サン・ジョルジュ駅前の丸い広場で一際目立つレトロな外観は、かつて温室だったときの名残。昔から続く骨董品店を店主のジョエルさんが2000年に引き継ぎましたが、地元の子持ちカップルたちのリクエストに合わせ、1年半ほど前から子供向けの家具やオブジェをメインにしたアンティークを集めています。教室に貼られていた昔懐かしい教材ポスターや人形などがちりばめられたディスプレイにも、このお店のセンスが光ります。

蚤の市で発掘したアンティークのベッドや机、椅子たちに、ジョエルさんが修理や塗装を施しています。勉強机にランプをつけたり、椅子に手縫いのクッションを合わせたり、ただきれいにするだけでなく、彼女らしさをプラスしているのも魅力。

お店の奥でリメイク作業をするジョエルさんがエプロン姿でにこやかに迎えてくれる。

32 place Saint Georges 75009
電話：01 48 78 41 43
メトロ：Saint Georges ⑫
営業日：火―土 10:00―19:00
定休日：日、月、8月

Montmartre   A

宝探しの気分でついつい長居してしまう、広々とした店内。

静かな館内に佇んでいると、19世紀にタイムスリップしてしまいそう。

知る人ぞ知るロマンティックな美術館
Musée de la Vie Romantique
ロマン派美術館

近くの歓楽街ピガールの喧騒が嘘のような、静寂がただよう小道。ここに、木々の緑に囲まれ蔦のからまる館があります。王政復古様式を今に伝えるこの建物には1830年からオランダ人画家アリ・シェフェールが暮らし、ドラクロワやロッシーニ、ジョルジュ・サンドとその恋人ショパンなど、ロマン主義の芸術家たちが集まるサロンを形成していました。美術館内にはこの時代の絵画、デッサン、彫刻、家具、陶器などが並べられ、優美な雰囲気を再現しています。当時の保守的な芸術アカデミーに、サロン出展を拒否された作品を展示していたアトリエも見学することができます。初夏には庭の木陰にカフェもオープンして、まさに都会のオアシスです。

かつての温室が現在はカフェとして使われている。天気の良い日はぜひテラスでお茶を。

16 rue Chaptal 75009
電話：01 55 31 95 67
メトロ：Blanche ②、Pigalle ②⑫
開館日：火－日 10:00－18:00
閉館日：月、祝　料金：常設展無料
http://www.vie-romantique.paris.fr

Montmartre B

もっと知りたい
モンマルトルの丘

ガイドブックに必ず載っているスポット、テルトル広場やサクレ・クール寺院周辺は観光客目当てのみやげ物屋さんでいっぱい。お世辞にも美しい風景とは言えない、と幻滅する前に、ぜひアベス駅を中心としたエリアへ足を運んでみましょう。おしゃれなブティックやすてきなアパルトマンが建ち並び、モンマルトルの丘の本当の魅力を教えてくれます。

モンマルトルのファンキーな古着屋さん

Chinemachine
シンマシン

アメリカ人とラオス人オーナーが経営するこの古着屋さんは、ティーンからおばあちゃんに至るまで幅広い客層に人気。レトロなものと新しいものが雑多に混じりあったこのお店のファンキーな雰囲気は、モンマルトルにぴったり。1点平均25€程度でリーズナブル。10€以下の品だけを揃えたすぐ近くの2号店もチェックしよう。

100 rue des Martyrs 75018
電話：01 80 50 27 66
メトロ：Abbesses ⑫
営業日：毎日 12:00－20:00
定休日：無休
http://www.myspace.com/chinemachine
他店舗：22 rue la vieuville 75018

とにかくありとあらゆるものが混在するパワフルなお店。気合いを入れて飛び込んで、掘り出し物をゲットしよう。

当時の様子をそのまま残す風車。残念ながら見学はできない。　　シックすぎず気軽に入れる雰囲気がうれしい。

ルノワールの名画の舞台で味わうフレンチ
Le Moulin de la Galette
ル・ムーラン・ドゥ・ラ・ギャレット

ルノワールの名画にも描かれた19世紀末のダンスホール、ル・ムーラン・ドゥ・ラ・ギャレット。お店の入り口で上を見上げれば、ムーラン（風車）が昔のままにそびえています。
つい最近まで平凡なレストランだったこのお店のオーナーが2007年、ミシュラン1ツ星シェフのアントワーヌ・イーラに替わり、世界的に有名なこの場所の名声にふさわしい料理を出すレストランに生まれ変わりました。前菜なら自家製テリーヌやエスカルゴ、メインは豚のマスタード風味や真鯛のロースト、舌平目のムニエルなど、奇をてらわないクラシックな料理も人気の理由。昼から夜までノンストップで、洗練されたフランス料理を格式張らずに楽しめます。

自家製フォアグラのテリーヌは絶品。こういう定番料理にこそ、レストランの実力が出るもの。

83 rue Lepic 75018
電話：01 46 06 84 77
メトロ：Abbesses ⑫、
Lamarck Caulaincourt ⑫
営業日：毎日 12:00−23:00（昼のコースは16:30まで）　定休日：無休
予算：昼2品コース　17€、3品コース 25€、4品コース 40€、夜5品コース 50€
http://www.lemoulindelagalette.eu

Montmartre B

オリジナルなモチーフが魅力のアロマキャンドル。　　　　思わず足を止めてしまうロマンティックなショーウインドウ。

乙女心をくすぐる可憐なナターシャの魔法
Natasha Farina
ナターシャ・ファリナ

アメリのカフェから少し歩いたところに佇む「ナターシャ・ファリナ」は、パールビーズやラメ、リボン、花柄がちりばめられたロマンティックでラブリーな雑貨やアクセサリーが見つかるお店。いつもは「シンプルなものが好き」と言う女の子すら、忘れかけていた乙女心を取り戻してしまう魔法がナターシャの世界にはあるのです。昔懐かしいポートレートや写真、絵本の図柄をモチーフに、彼女自身が手作業でデコレーションするキャンディ缶はおみやげにもぴったり。中身を食べ終わったあとは、もちろんジュエリーボックスやインテリアに活用できます。キラキラの手鏡や名刺ケース、ピルケースをバッグに忍ばせて、女子力をアップしましょう。

チェリーやいちじく、マドレーヌ味のキャンディ入り缶は10€、缶のみは6€。

33 rue Véron 75018
電話：09 50 99 33 30
メトロ：Blanche ②、Abbesses ⑫
営業日：火〜土 13:00〜20:00
定休日：日、月、8月上旬
http://www.natasha-farina.com

まだある！ Montmartre のおすすめ

A　Cul de Poule
キュ・ドゥ・プール

新鮮な食材にこだわるビストロ

季節の野菜のスープやステーキ、ポークソテーなど、気取らずシンプルな料理が楽しめるビストロ。メニューに食材の生産者の名前が記されているところに、この店のこだわりを感じる。

住所：53 rue des Martyrs　電話：01 53 16 13 07
営：火－金12:30－14:30（土13:00－15:00）/火－土20:00－23:00　休：日月

A　Casa Olympe
カサ・オランプ

ベテラン女性シェフのホッとする味

コルシカ島出身の父をもつオランプさんが作る料理には南仏の香りがいっぱい。さまざまなスパイス使いも世界各国で働いた彼女らしさ。壁の明るいイエローが、この小さなお店に開放感を与えている。

住所：48 rue St Georges　電話：01 42 85 26 01
営：月－金12:00－14:00/19:45－23:00
休：土日

A　A l'Etoile d'Or
ア・レトワール・ドール

お菓子のセレクトショップ

三つ編みがチャームポイントのドゥニーズおばさまが厳選したフランス中のお菓子が揃う、宝の山のようなお店。「アンリ・ル・ルー」のキャラメルなどパリではこの店でしか見つからない逸品も多い。

住所：30 rue Pierre Fontaine
電話：01 48 74 59 55
営：月15:00－19:30 火－土11:00－19:30　休：日

B　Au Grain de Folie
オ・グラン・ドゥ・フォリ

ベジタリアンじゃなくても嬉しい

アベス駅からほど近い、小さなオーガニック＆ベジタリアンのレストラン。豆のフムスや野菜のタルトなど、ヘルシーなメニューがいっぱい。重たいフレンチで胃が疲れたらここに駆け込もう。

住所：24 rue de la Vieuville
電話：01 42 58 15 57
営：毎日13:00－14:30/19:30－22:30　無休

B　Les Petits Mitrons
レ・プチ・ミトロン

街のタルト屋さんの底力！

ブルーとピンクのファサードがどことなくノスタルジックで、モンマルトルの雰囲気にぴったりなタルト屋さん。フルーツやチョコレートのタルト、クッキーなど、どれもとびきりおいしくてリーズナブル。

住所：26 rue Lepic　電話：01 46 06 10 29
営：月、火、木－土7:30－19:45 日7:30－18:00
休：水

B　Séries Limitées
セリ・リミテ

セレクトにセンスの良さが光る店

身につけるだけでパリジェンヌの着こなしに近づきそうな「セッスン」(P96)や「ベレニス」など若手クリエイターをセレクトするお店。「マチエール・ア・レフレクシオン・パリ」(P38)のバッグもあり。

住所：20 rue Houdon
電話：01 42 55 40 85
営：月－土11:00－19:30 日15:00－19:00　無休

B　L'Objet qui Parle
ロブジェ・キ・パルル

オブジェひとつひとつの物語を感じて

小ぢんまりとした店内に所狭しと積み上げられたアンティークのランプや家具、鏡、食器が、古き良きモンマルトルの趣を感じさせてくれる。たとえ何か買う予定がなくても、ぜひ覗いてみたい。

住所：86 rue des Martyrs
電話：06 09 67 05 30
営：月－土13:00－19:30　休：日

B　Emmanuelle Zysman
エマニュエル・ジスマン

ひかえめな愛らしさのアクセサリー

どんな着こなしにもマッチするシンプルなデザインと、女の子らしさを引き出してくれる華奢なスタイルが人気のジュエリー。日本人の女の子の細い指や首にもしっくりくるデザインが見つかります。

住所：81 rue des Martyrs　電話：01 42 52 01 00
営：火－金 11:00－19:00 土 12:00－20:00
日 15:30－19:00　休：月

アート、モード、グルメを一度に楽しむ

Châtelet
Hôtel de Ville

シャトレ／市役所

まさにパリのど真ん中にあるのに、なぜかガイドブックでは軽く扱われているこの地区。フォーラム・デ・アールからリヴォリ通りにかけてのショッピングゾーンはもちろん、ポンピドゥーセンターでアート、エティエンヌ・マルセルでモード、モントルグイユ通りでグルメ、とさまざまな楽しみ方ができるエリアです。

{ 主な観光スポット }

フォーラム・デ・アール

ポンピドゥーセンター

パリ市役所

BHV デパート

モントルグイユ通り

エリア A

Rue Montorgueil モントルグイユ通り
八百屋、肉屋、チーズ屋などの商店とカフェ、レストランがひしめく、歩くだけで楽しい通り。

- Bourse
- Sentier
- Starbucks Coffee (カフェ) スターバックス
- Eric Kayser エリック・カイ (パン)
- Replay (レディス/メンズ) リプレイ
- MARITHE + FRANCOIS GIRBAUD (レディス/メンズ) マリテ+フランソワ・ジルボー
- Levi's (レディス/メンズ) リーバイス
- E. Vu Et Vous (レディス/メンズ) エ・ヴー・エ・ヴー
- a. simon (料理用品) ア・シモン
- Paul (パン/ケーキ) ポール
- Le Pain Quotidien (カフェ) ル・パン・コティディアン
- Clio blue (アクセサリー) クリオ・ブルー
- Paul & Joe (レディス/メンズ) ポール&ジョー
- Kiliwatch (レディス/メンズ) キリウォッチ
- Nysa (ワイン) ニザ P113
- Bonpoint (子供服) ボンポワン
- Kenzo (レディス/メンズ) ケンゾー
- Stohrer (ケーキ) ストレー P120
- AGATHA (アクセサリー) アガタ
- Olio Pane Vino (イタリアン) オリオ・パネ・ヴィノ P113
- Y's (レディス) ワイズ
- Diesel (レディス/メンズ) ディーゼル
- Comptoir de la Gastronomie (エピスリー/レストラン) コントワール・ドゥ・ラ・ガストロノミー P112
- Max & co (レディス) マックス&コー
- Zadig & Voltaire (レディス) ザディグ・エ・ヴォルテール
- Kabuki (セレクト) カブキ
- Barbara Bui (レディス) バルバラ・ビュイ
- Antoine et Lili (レディス/子供服) アントワーヌ・エ・リリ
- jack gomme (バッグ) ジャック・ゴム P110
- agnès b. (レディス/メンズ/バッグ/子供・ベビー服) アニエス・ベー
- Princesse tam.tam (ランジェリー) プリンセス・タムタム
- Comptoir des Cotonniers (レディス) コントワール・デ・コトニエ
- Claudie Pierlot (レディス) クローディー・ピエルロ
- Cotélac (レディス) コテラック
- M.A.C (コスメ) マック
- Les Halles レ・アル
- Paul (パン/ケーキ) ポール
- Christian Louboutin (靴) クリスチャン・ルブタン
- Palais Royal・Musée du Louvre パレ・ロワイヤル・ミュゼ・デュ・ルーヴル
- P9 オペラへ
- **Forum des Halles** フォーラム・デ・アール
  さまざまなショップやファストフードが一堂に介するショッピングセンター。
- Châtelet les Halles シャトレ・レ・アル駅
- McDonald's マクドナルド (ファストフード)
- Musée du Louvre ルーヴル美術館
- SEPHORA (コスメ) セフォラ
- KOOKAI (レディス) クーカイ
- Louvre Rivoli ルーブル・リヴォリ
- Zara (レディス/メンズ) ザラ
- McDonald's マクドナルド (ファストフード)
- andré (靴) アンドレ
- SEPHORA (コスメ) セフォラ
- Kenzo (レディス/メンズ) ケンゾー
- habitat (インテリア) アビタ
- GAP (レディス/メンズ) ギャップ
- Pont Neuf ポン・ヌフ
- Bam, Bar à Manger (フレンチ) バム、バー・ア・マンジェ P120
- Starbucks Coffee (カフェ) スターバックス
- Châtelet シャトレ
- シテ島、ノートル・ダム大聖堂
- Monnaie de Paris パリ造幣局博物館
- 裁判所

徒歩約8分
1:10,000　0　100m

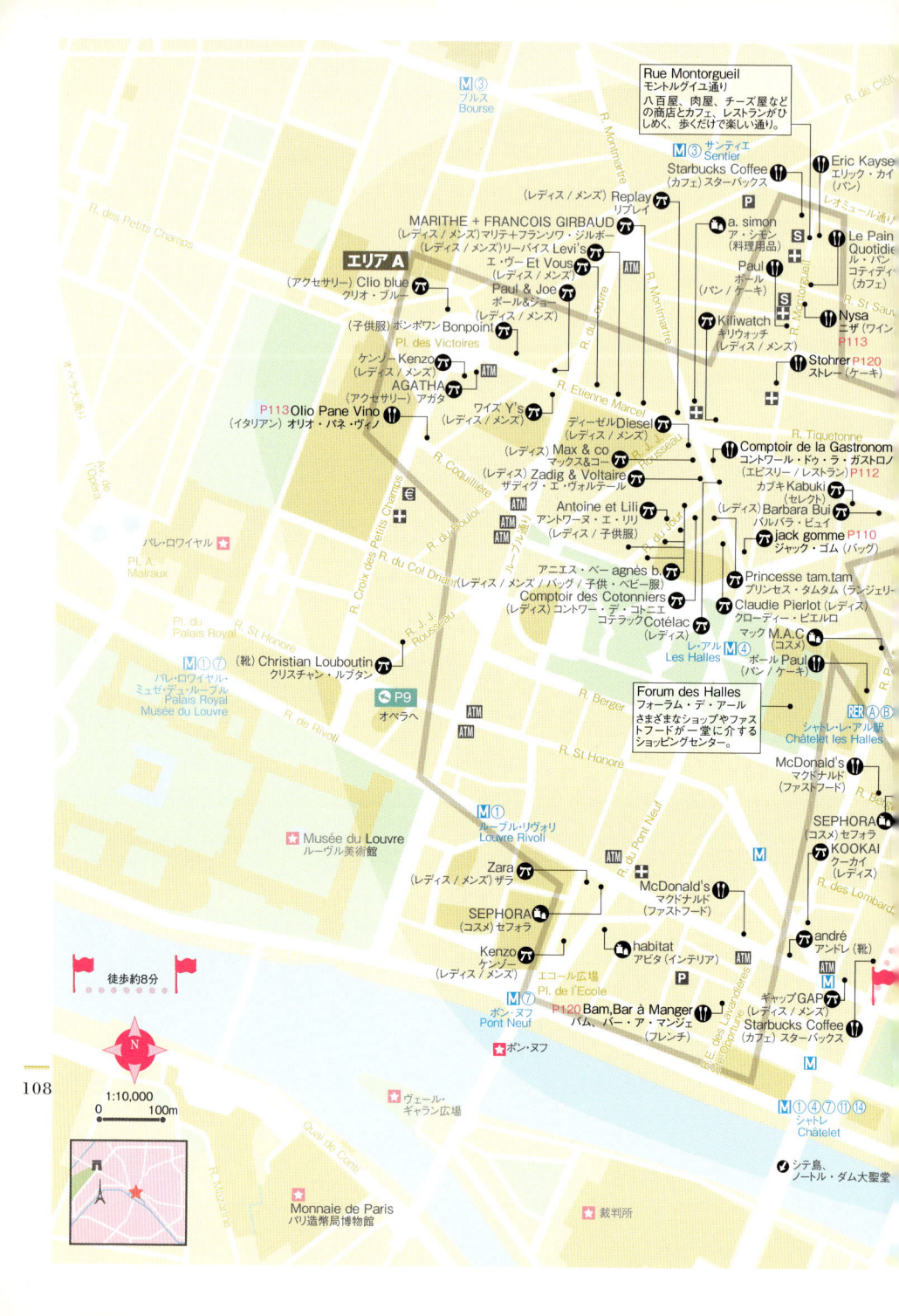

N

Châtelet / Hôtel de Ville

国立工芸院

M③④ レオミュール・セバストポール
Réaumur Sébastopol

工芸博物館

M③ タンプル
Temple

アールゼメチエ
Arts et Métiers

P131 サン・マルタン運河へ

Passage du Grand Cerf P120
パッサージュ・デュ・グラン・セール
（アクセサリー）

P25 マレへ

Et Vous Stock
エ・ヴー・ストック
（レディス）

エティエンヌ・マルセル
Etienne Marcel

【ちょっと寄り道】P118
Passage Molière
パッサージュ・モリエール

Le Potager du Marais P120
ル・ポタジェ・デュ・マレ（オーガニック）

Milk P120
ミルク（ネットカフェ）

Musée d'art et d'histoire du Judaïsme
ユダヤ歴史博物館

ランビュトー
Rambuteau

KFC（ファストフード）
ケンタッキーフライドチキン

Patyka P120
パティカ（オーガニックコスメ）

Pain de Sucre P120
パン・ドゥ・シュークル
（ケーキ / パン）

Centre Pompidou
ポンピドゥーセンター

P116 Pralus
プラリュ
（チョコレート）

Berko P116
ベルコ
（カップケーキ）

フランス歴史博物館

Starbucks Coffee
スターバックス
コーヒー
（カフェ）

Camper
カンペール（靴）

ピカソ美術館

H&M エイチ・アンド・エム
（レディス / メンズ / 子供服）

Monjul P114
モンジュル（フレンチ）

Zara ザラ
（レディス / メンズ）

Fleux P120
フルックス
（インテリア小物）

L'Occitane
ロクシタン（コスメ）

Starbucks Coffee
スターバックス（カフェ）

MANGO
マンゴ（レディス）

Hôtel Duo
ホテル・デュオ
P117

Le Pain Quotidien
ル・パン・コティディヤン（カフェ）

コニャック・ジェイ
美術館

M①⑪ オテル・ドゥ・ヴィル
Hôtel de Ville

BHV
ベーアッシュヴェー（デパート）

カルナヴァレ
博物館

McDonald's
マクドナルド（ファストフード）
Pl. de l'Hôtel de Ville

エリアB

P25 マレへ

Hôtel de Ville de Paris
パリ市役所
パリ市役所で開催される展覧会
は毎回テーマがユニーク、か
つ無料なのでおすすめ。

109

A — Châtelet / Hôtel de Ville

昔の市場のにぎわいを彷彿とさせる活気あるエリア

レ・アールにはなんと12世紀からパリの胃袋を支えていた大きな卸売市場がありました。それが郊外に移転して、1979年にショッピングセンターのフォーラム・デ・アールがオープンしたあともこの近辺にはグルメなお店が残り、当時の面影を残しています。その一方、モードに敏感な若者たちが集まるこのエリアには、才能あるクリエイターたちのショップもたくさん並んでいます。

忙しいパリジェンヌが愛用する軽くてシックな都会派バッグ

jack gomme
ジャック・ゴム

ポールさんとソフィーさん、ふたりのデザイナーが20年以上前に立ち上げたブランド「ジャック・ゴム」。ちょっぴりアヴァンギャルドで個性的なデザインは、その見かけとは裏腹に使い勝手を考えた機能的なもの。子供っぽく見えそう、とレザー以外の素材を敬遠する人でも、カジュアルとシックのバランスが上手に取れた「ジャック・ゴム」なら大丈夫。その証拠に、丈夫で軽量、手入れのしやすい新素材のバッグは、都会で忙しく暮らすパリジャン、パリジェンヌたちに愛され続ける人気商品です。私たちのおすすめは、毎シーズン登場するボーダー柄のシリーズ。お店にディスプレイされていない形や色もあるので、スタッフにお願いして出してもらいましょう。

小さく折り畳んでおそろいのポーチにしまえるボーダーのバッグは夏にぴったり。

6 rue Montmartre 75001
電話：01 40 41 10 24
メトロ：Les Halles ④
営業日：火-土 11:00-19:00
定休日：日、月、8月中旬2週間
http://www.jackgomme.com

Châtelet / Hôtel de Ville   A

たっぷり入って、しかもおしゃれなエコバッグは15€。

天気の良い日はテラスでのんびり食事を。

フランスの絶品グルメを伝えて100年
Comptoir de la Gastronomie
コントワール・ドゥ・ラ・ガストロノミー

1894年にフォアグラ専門店としてオープンして以来、100年以上の歴史を誇るこのお店。アール・ヌーボーのファサードをそのまま残し、天井にぶら下がる生ハムや古びた棚にずらりと並ぶ缶詰や瓶が昔懐かしい雰囲気です。

現在は、フランスを中心にヨーロッパのグルメが一堂に会する食材店。とりわけフランス南西地方の名産である鴨のフォアグラやコンフィ、カスレが自慢。自家製のスモークサーモンや、添加物を加えずに伝統的な製法で作られたハムやサラミも人気です。併設されているレストランでは昼から夜までノンストップで食事ができるのもうれしい。ブティックで買えるものをその場で味わえるだけでなく、季節の食材を使った本格的なフレンチを堪能できます。

おいしいものがギュっと詰まった店内。旅行者のおみやげ一番人気はやっぱりフォアグラ。

34 rue Montmartre 75001
電話：01 42 33 31 32
メトロ：Etienne Marcel④、Les Halles④
営業日：ブティック 月 9:00−20:00、火−土 6:00−20:00/食事 月−土 12:00−23:00　定休日：日
http://www.comptoir-gastronomie.com

Châtelet / Hôtel de Ville

A

パリで味わう上質イタリアン
Olio Pane Vino 🍴
オリオ・パネ・ヴィノ

イタリアのおいしい食材を気軽に楽しめるトラットリア。野菜のフレッシュな味わいを楽しめるアンティパストやとびきりおいしい生ハムの盛り合わせ、そして、毎日ソースから手作りされるパスタのおいしさは、イタリア人オーナーが保証してくれます。トスカーナの最高級オリーブオイルなど、お店で出される食材を購入することも可能。

44 rue Coquillière 75001
電話：01 42 33 21 15
メトロ：Louvre Rivoli ①
営業日：月ー土 12:00－14:45、木ー金 19:45－22:30
定休日：日
予算：前菜 6€～、メイン 12.50€～、デザート 6€～

素朴な石の壁と開放感のある高い天井。イタリアの田舎のゆったりした空気が広がっているよう。

シチュエーションで決める新時代のワイン選び
Nysa 🍴
ニザ

月1～2回は産地を訪れ、小規模な農家が丁寧に作るワインだけを厳選して揃えているワインショップ。その4割はオーガニックワイン。従来の産地別からちょっと目線を変えて、「女の子同士のパーティー」「ロマンティックなディナー」といったテーマ別にワイン選びをサポートしてくれるのが、このお店の人気の理由。気軽に相談してみて。

94 rue Montorgueil 75002
電話：01 40 26 17 80
メトロ：Sentier ③
営業日：毎日 10:30－21:00
定休日：無休
http://nysa.fr

左下のPerle de Roselineは南仏プロヴァンス産のロゼ。赤い果実の香りがパリジェンヌに人気。

Châtelet / Hôtel de Ville

ちょっぴり庶民的な普段着のパリを覗けるエリア

パリの歴史を象徴するように堂々とした風格の市役所と、前衛的なデザインのポンピドゥーセンター。まさにパリの今と昔を象徴するこの2つの建物がこのエリアのシンボルです。市役所では入場無料とは思えないほど充実した展覧会が開催され、その向かいのデパートBHVは日曜大工用品などパリジャンの生活に密着した品揃えが人気。日々の暮らしに欠かせない良質な店が集まる界隈です。

楽しい、美しい、おいしいが揃った未体験の個性派フレンチ

Monjul
モンジュル

小さな料理店から高級ホテルまで、様々な場所で修業を積んだジュリアン・アゴベールさんが2007年にオープンしたレストラン。しばしば「宇宙的」と形容される彼の料理には遊び心がいっぱい。ここを訪れる誰しもが、盛りつけの芸術的な美しさに釘付けになり、ひと口味わうと、意表をつくおいしさに驚きの声をもらします。ポトフなどの伝統的なフレンチを、食材や切り方を変えることで新しい形や食感を生み出して自分流に再構築するのがシェフのテーマ。各国の食材を変幻自在に取り入れながらも奇をてらう印象を受けないのは、基本となるフランス料理の技術がしっかりしているから。パリならではの個性派フレンチに出会えます。良心的な値段のランチもおすすめ。

梁のみえる天井と石壁、シンプル＆モダンなインテリアが絶妙なコントラスト。

28 rue des Blancs Manteaux 75004
電話：01 42 74 40 15
メトロ：Rambuteau ⑪
営業日：火〜土 12:00－14:00/20:00－23:00
定休日：日、月、8月上旬2週間
予算：昼日替り2品コース14€、3品コース18€、昼夜3品コース31€
http://www.monjul.com

Châtelet / Hôtel de Ville　Ⓑ

食材やソースで自由自在に描くお皿の上のアート！

この界隈の喧噪が嘘のような、静かでくつろげる空間。

カカオ豆選びからこだわった魅惑のチョコレート

Pralus
プラリュ

クーベルチュール製造を自ら行うフランスで3軒しかないショコラティエの1つ。自社プランテーションを所有するマダガスカルなど、世界の名産地からセレクトされた最高級カカオ豆を使ったチョコレートを集めた「南国のピラミッド」がおすすめ。ピンクのプラリネ入りのバターたっぷりブリオッシュもぜひ試してほしい逸品。

---

35 rue Rambuteau 75004
電話：01 48 04 05 05
メトロ：Rambuteau ⑪
営業日：火−金 10:00−13:30/15:00−20:00、
土−日 10:00−13:30/14:30−19:30
定休日：月
http://www.chocolats-pralus.com

グルメガイド「ゴー・ミヨー」が2009年最優秀ショコラティエに選んだフランソワ・プラリュのショコラ。

パリでカップケーキといえばここ

Berko
ベルコ

パリではほとんど見かけることのないカラフルなカップケーキが人気の「ベルコ」ですが、よりクラシックなタルトやチーズケーキのおいしさも捨てがたい！ お昼どきにはキッシュやサラダとミニタルトのセットも人気です。なお、カップケーキはかなり甘いのでミニサイズのものを何種類か買って試してみるのがよさそう。

---

23 rue Rambuteau 75004
電話：01 40 29 02 44
メトロ：Rambuteau ⑪
営業日：火−土 11:00−20:00、日11:00−19:30
定休日：月

色とりどりのカップケーキは大1個が2.80€、ミニサイズは1個2€、6個9.80€。

Châtelet / Hôtel de Ville

落ち着きのあるコンテンポラリー・シックなインテリア。

ラウンジの小さな中庭からは暖かな日さしが差し込む。

大人のためのシックなホテル

Hôtel Duo
ホテル・デュオ ★★★

コンテンポラリーアートを愛するオーナーのこだわりから生まれたモダンなインテリアが美しい「ホテル・デュオ」。BHVデパートやポンピドゥーセンターに囲まれ、たくさんの人でにぎわう地区にありながら、静けさに満ちた館内が印象的。ラウンジ・バーではアイルランド出身のバーマンが作るおいしいカクテルも味わえる、まさに大人のためのホテルです。それぞれにインテリアの異なるお部屋には、エアコンやセイフティボックス、無料Wi-Fiなど設備も充実。ピカピカの清潔な浴室に用意されたバスアメニティはフラゴナールです。このサイズのホテルにはとても珍しいことに、地下にはフィットネスとサウナがあり、宿泊客は無料で利用できるのもうれしいサービスです。

ディテールにまでこだわったバスルーム。アメニティはフラゴナールのVRAIシリーズ。

11 rue du Temple 75004
電話 : 01 42 72 72 22
メトロ : Hôtel de Ville ①⑪
料金 : シングル100€〜、ダブル150€〜
http://www.parishotelleduo.com

ちょっと寄り道

Passage Molière
パッサージュ・モリエール

ポンピドゥーセンターを訪れたらぜひ立ち寄ってほしい秘密の場所。いかにも観光地といったお店やレストランが並ぶこの界隈で、ひっそり隠れているようなパッサージュ・モリエールは、モダンなポンピドゥーセンターとは対照的に、パリらしいひなびた雰囲気の漂う空間です。石畳の小さなパッサージュには、モリエール劇場を中心にかわいらしいお店がいくつか並んでいます(P109の地図、エリアB内)。

Châtelet / Hôtel de Ville

Tamano Paris
タマノ・パリ

コンコンというトンカチの音が似合う「昔ながらの靴屋さん」という風情のこのお店は、日本人の靴職人、珠野さんの小さなアトリエ・ブティック。レザーやリボンなどの素材にこだわった手作り靴は、履き心地の良さと凛とした美しさをたたえます。色や素材を選べるセミオーダーは、おしゃれなパリジェンヌたちにも支持されています。

営業日：月−金 11:00−18:00、土 14:00−19:00

Jean-Bernard A.O.C.
ジャン・ベルナール・アーオーセー

小さなワイナリーからセレクトしたオーガニックワインと職人さんが作るフランス各地のおいしいものを集めたワインバー。パッサージュに面したテラス席に腰掛けて、チーズや生ハムの盛り合わせとおいしいワインを味わうのが最高の楽しみ方。ランチタイムには温かい日替わり料理もあります。

営業日：月−日 11:45−16:30/17:30−22:30
（土のみノンストップ）

Librairie Scaramouche
リブレリー・スカラムッシュ

1985年にオープンした、パリで唯一の映画書籍専門店。お店の中にはポスター、パンフレット、スチール写真、映画やスターに関する本が所狭しと並び、シネフィルにはたまらない空間。古いフランス映画のポスターはカラフルな色がとてもキュートで、お部屋のインテリアにもぴったり。値段は10〜1500€とさまざま。

営業日：月−土 11:30−13:00/14:30−20:00

まだある！ Châtelet / Hôtel de Ville のおすすめ

A Bam, Bar à Manger
バム、バー・ア・マンジェ

シャトレ界隈で食べるならここ

「食べるバー」という名前のとおり、おしゃれなバーのような雰囲気のなか、洗練された料理を味わえるお店。毎週替わるランチコースは3品で19€、夜のコースも30€とリーズナブルなのもうれしい。

住所：13 rue Lavandières Ste Opportune
電話：01 42 21 01 72
営：月〜土12:00-17:00/19:00-23:00　休：日

A Milk
ミルク

年中無休＆24時間営業のネットカフェ

毎日24時間オープンで日本語表示・入力もできる便利なインターネットカフェ。旅先でも頻繁にメールチェックやネットをしたいという方におすすめ。15分1.9€〜なので気軽に使える。

住所：31 bd. de Sébastopol
電話：01 40 13 06 51
営：24時間　無休

B Le Potager du Marais
ル・ポタジェ・デュ・マレ

ヘルシー志向のパリジャンのお気に入り

100%オーガニックでベジタリアンのお店。「マレの野菜畑」というその名のとおり、新鮮な野菜のおいしさをシンプルに味わえる料理が人気で、お昼時はいつも満員。オーガニック・ビールもあり。

住所：22 rue Rambuteau　電話：01 42 74 24 66
営：月〜金12:00-15:00/18:00-22:30　土日12:00-22:30　無休

B Patyka
パティカ

100%オーガニックのスキンケアブランド

世界から最高品質の植物を厳選し、フランス国内のラボで作られるこだわりのオーガニックコスメ。根強い人気の「アブソリュートオイル」を始め、その品質と効果でパリジェンヌから絶大な信頼を得ている。

住所：14 rue Rambuteau　電話：01 40 29 49 49
営：月、木〜土12:00-20:00　日13:00-19:00
休：火水

A Stohrer
ストレー

18世紀から受け継がれる味

1730年創業、パリ最古のパティスリー。この店が起源と言われるラム酒のケーキ、ババや、カスタードとパイ生地のシンプルな組み合わせがおいしいピュイ・ダムールが人気。歴史を感じさせる内装も必見。

住所：51 rue Montorgueil
電話：01 42 33 38 20
営：毎日7:30-20:30　無休（8月最初の2週間を除く）

A Passage du Grand Cerf
パッサージュ・デュ・グラン・セール

今昔が融合するおしゃれパッサージュ

ガラス張りの天井から陽の光が差し込む、1825年に建てられた美しいパッサージュ。アクセサリーを始め、パリの新進クリエイターたちのショップが並ぶおしゃれなスポットになっている。

住所：passage du Grand Cerf
営：月〜土 8:30-20:00
休：日

B Pain de Sucre
パン・ドゥ・シュークル

ハーブ使いが独特なパティスリー

ピエール・ガニエールでデザート担当だったカップルが開いたパティスリー。ジャスミンやローズマリー、コリアンダーなどのハーブを使った、ここにしかない味のケーキがパリジャンに大人気。

住所：14 rue Rambuteau
電話：01 45 74 68 92
営：月、木〜日10:00-20:00　休：火水

B Fleux
フルックス

「パリの今」を感じるインテリアショップ

想像以上に奥に長い広々とした店内に、食器、家具、オブジェ、ステッカーなど、インテリアにまつわるありとあらゆるものが揃う。フランスのエスプリが利いたおみやげアイデアも発見できそう。

住所：39 rue Ste Croix de la Bretonnerie
電話：01 42 78 27 20
営：月〜土11:00-20:00　日14:00-19:30　無休

エッフェル塔が見守るシックなカルチエ

Invalides Tour Eiffel

アンヴァリッド / エッフェル塔

傷病兵のための病院だったアンヴァリッド、軍事訓練に利用されていたシャン・ド・マルス、エコール・ミリテール（陸軍士官学校）……フランスの歴史のなかで軍隊と戦争に深く関わってきたこの地区も、今では閑静な高級住宅街。どこからでもエッフェル塔の姿が拝めるのは、このあたりに住むパリジャンたちの特権です。

｛ 主な観光スポット ｝

エッフェル塔

シャン・ド・マルス

アンヴァリッド / ナポレオンの墓

ケ・ブランリー美術館

ロダン美術館

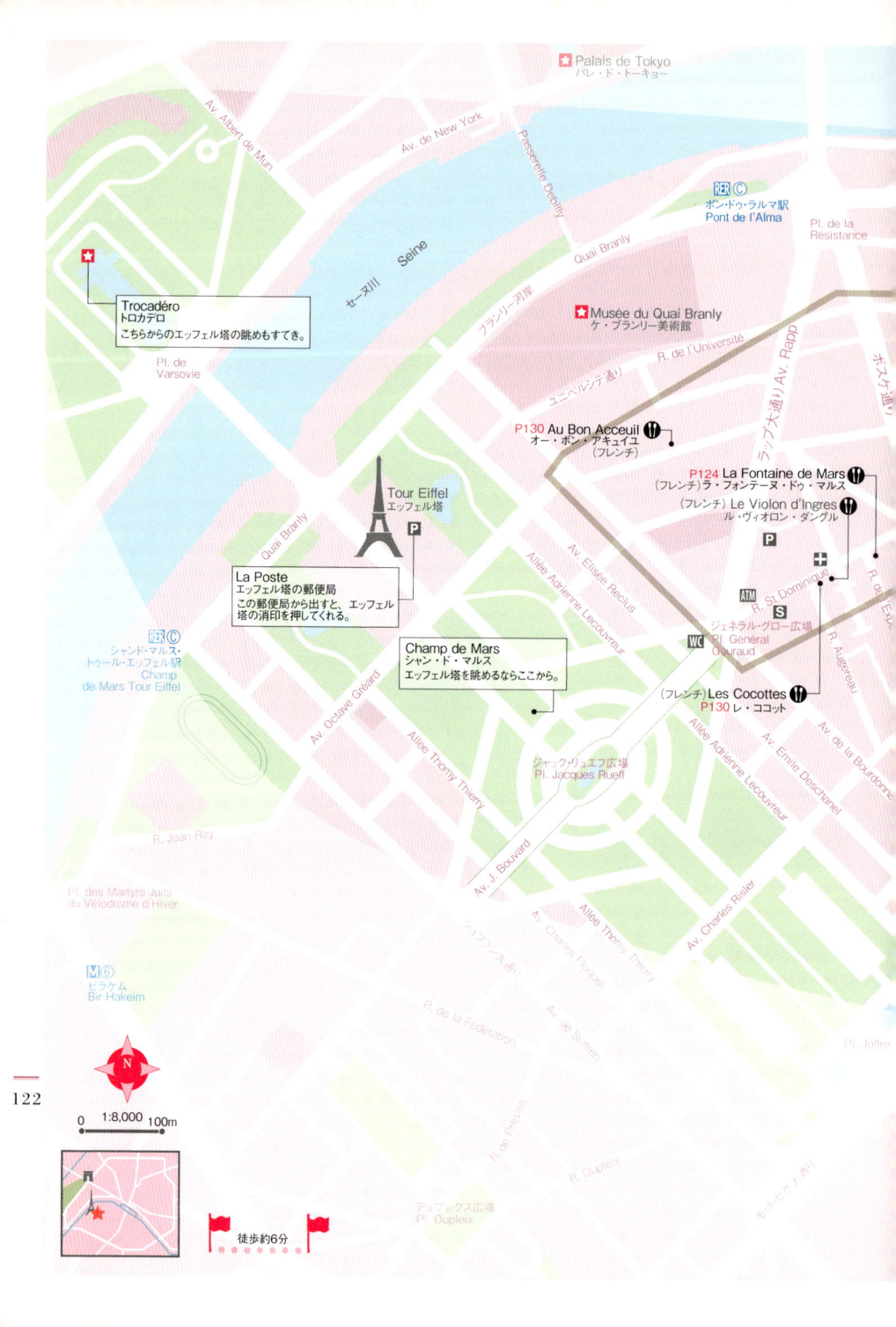

Palais de Tokyo
パレ・ド・トーキョー

Av. Albert de Mun

Av. de New York

Passerelle Debilly

Seine
セーヌ川
ブランリー河岸

Quai Branly

RER Ⓒ
ポン・ドゥ・ラルマ駅
Pont de l'Alma

Pl. de la Résistance

Trocadéro
トロカデロ
こちらからのエッフェル塔の眺めもすてき。

Pl. de Varsovie

Musée du Quai Branly
ケ・ブランリー美術館

R. de l'Université
ユニベルシテ通り

Av. Rapp
ラップ大通り

P130 Au Bon Acceuil 🍴
オー・ボン・アキュイユ
（フレンチ）

P124 La Fontaine de Mars 🍴
（フレンチ）ラ・フォンテーヌ・ドゥ・マルス

（フレンチ）Le Violon d'Ingres 🍴
ル・ヴィオロン・ダングル

Tour Eiffel
エッフェル塔

Quai Branly

Allée Adrienne Lecouvreur

Av. Elisée Reclus

R. St. Dominique

ATM
S

La Poste
エッフェル塔の郵便局
この郵便局から出すと、エッフェル塔の消印を押してくれる。

RER Ⓒ
シャン・ド・マルス・トゥール・エッフェル駅
Champ de Mars Tour Eiffel

Champ de Mars
シャン・ド・マルス
エッフェル塔を眺めるならここから。

Av. Octave Gréard

Allée Thomy Thierry

WC
Pl. Général Gouraud
ジェネラル・グロー広場

（フレンチ）Les Cocottes 🍴
P130 レ・ココット

R. Augereau

Pl. Jacques Rueff
ジャック・リュエフ広場

Allée Adrienne Lecouvreur

Av. Emile Deschanel

R. Jean Rey

Pl. des Martyrs Juifs du Vélodrome d'Hiver

Av. J. Bouvard

Allée Thomy Thierry

Av. Charles Risler

Pl. Joffre

M⑥
ビラケム
Bir Hakeim

R. de la Fédération

Av. de Suffren

R. du Gros

Pl. Dupleix
デュプレクス広場

1:8,000 100m

徒歩約6分

122

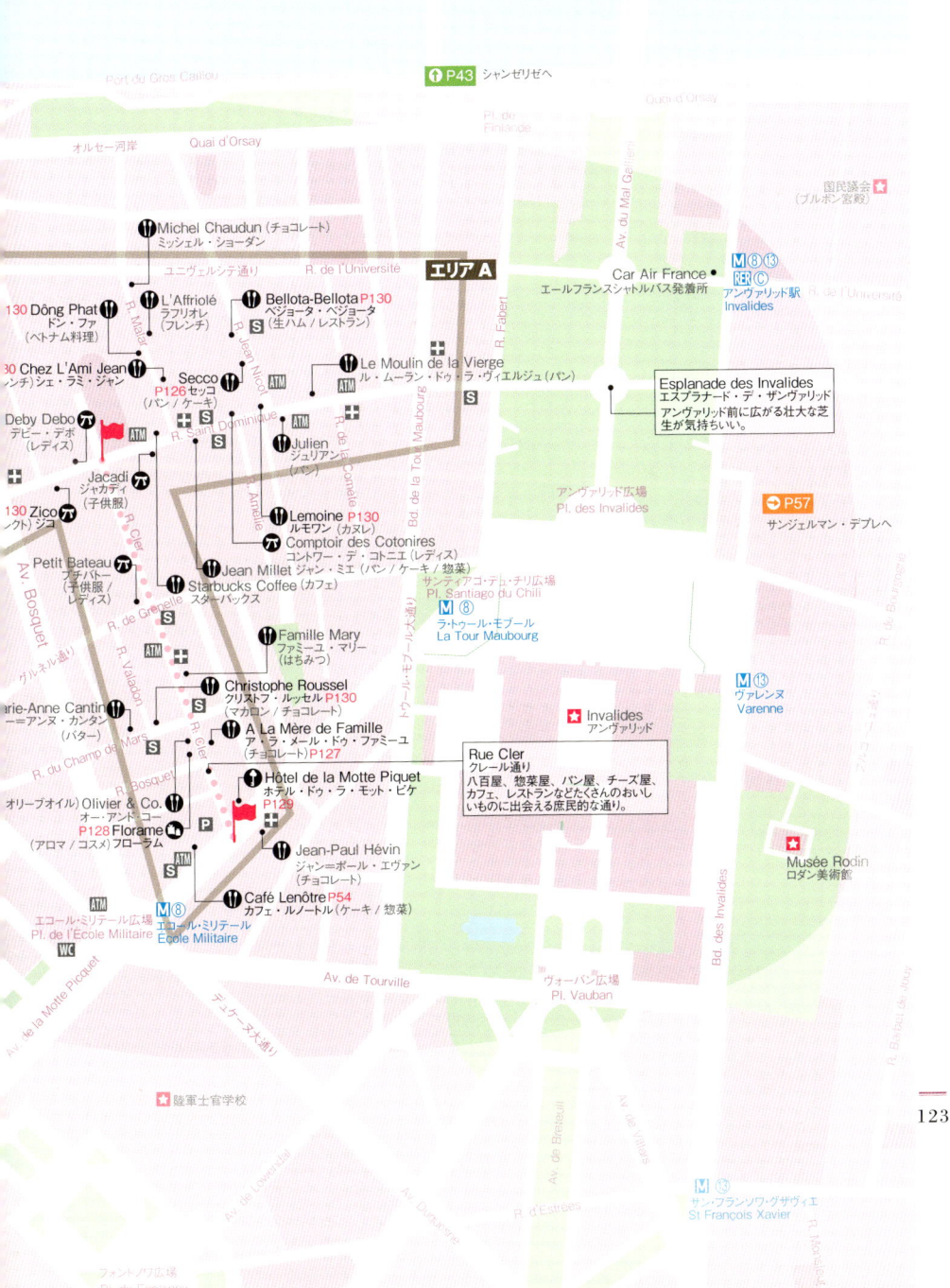

Invalides / Tour Eiffel

P43 シャンゼリゼへ

オルセー河岸　Quai d'Orsay
Port du Gros Caillou
ユニヴェルシテ通り　R. de l'Université

エリア A

Michel Chaudun (チョコレート)
ミッシェル・ショーダン

130 Dông Phat
ドン・ファ
(ベトナム料理)

L'Affriolé
ラフリオレ
(フレンチ)

Bellota-Bellota P130
ベジョータ・ベジョータ
(生ハム / レストラン)

Car Air France
エールフランスシャトルバス発着所

M⑧⑬ RER Ⓒ
アンヴァリッド駅
Invalides

30 Chez L'Ami Jean
ンチ) シェ・ラミ・ジャン

Secco P126 セッコ
(パン / ケーキ)

Le Moulin de la Vierge
ル・ムーラン・ドゥ・ラ・ヴィエルジュ (パン)

Esplanade des Invalides
エスプラナード・デ・ザンヴァリッド
アンヴァリッド前に広がる壮大な芝生が気持ちいい。

Deby Debo
デビー・デボ
(レディス)

Julien
ジュリアン
(パン)

Jacadi
ジャカディ
(子供服)

アンヴァリッド広場
Pl. des Invalides

130 Zico
クト) ジコ

Lemoine P130
ルモワン (カヌレ)

P57
サンジェルマン・デプレへ

Petit Bateau
プチバトー
(子供服 / レディス)

Comptoir des Cotonires
コントワー・デ・コトニエ (レディス)

Jean Millet ジャン・ミエ (パン / ケーキ / 惣菜)

サンティアゴ・デ・チリ広場
Pl. Santiago du Chili

Starbucks Coffee (カフェ)
スターバックス

M⑧
ラ・トゥール・モブール
La Tour Maubourg

Marie-Anne Cantin
=アンヌ・カンタン
(バター)

Famille Mary
ファミーユ・マリー
(はちみつ)

M⑬
ヴァレンヌ
Varenne

Christophe Roussel
クリストフ・ルッセル P130
(マカロン / ケーキ)

Invalides
アンヴァリッド

A La Mère de Famille
ア・ラ・メール・ドゥ・ファミーユ
(チョコレート) P127

Rue Cler
クレール通り
八百屋、惣菜屋、パン屋、チーズ屋、カフェ、レストランなどたくさんのおいしいものに出会える庶民的な通り。

Olivier & Co.
オー・アンド・コー
(オリーブオイル)

P128 Florame
(アロマ / コスメ) フローラム

Hôtel de la Motte Piquet
ホテル・ドゥ・ラ・モット・ピケ P129

Musée Rodin
ロダン美術館

Jean-Paul Hévin
ジャン=ポール・エヴァン
(チョコレート)

Café Lenôtre P54
カフェ・ルノートル (ケーキ / 惣菜)

M⑧
エコール・ミリテール
École Militaire
エコール・ミリテール広場
Pl. de l'École Militaire

Av. de Tourville

ヴォーバン広場
Pl. Vauban

陸軍士官学校

M⑬
サン・フランソワ・グザヴィエ
St François Xavier

フォントノワ広場
Pl. de Fontenoy

A Invalides / Tour Eiffel

舌の肥えたパリジャンをもうならせるグルメゾーン

パリ左岸で1、2を争うグルメゾーンといえばここ。その中心が、アンヴァリッドとシャン・ド・マルスを東西に結ぶサン・ドミニック通りと、これに南北に交わるクレール通りです。パン屋、ケーキ屋、チョコレート屋、チーズ屋、ワイン屋、惣菜屋、肉屋、魚屋、八百屋、そしてレストラン、カフェ……おみやげ探しはもちろん、パリジャンたちの普段着の生活を垣間見ることができます。

定番フランス料理を食べるならぜひここで！
La Fontaine de Mars 🍴
ラ・フォンテーヌ・ドゥ・マルス

グルメなお店がずらりと並ぶサン・ドミニック通りで、赤と白のギンガムチェックのテーブルクロスがひときわ目を引くこのお店は1908年から続く老舗レストラン。鴨のマグレやフォアグラ、カスレなど、フランス南西地方の料理をメインに、ローストチキンや仔牛のシチューなど伝統的なブラッスリーの味が楽しめます。旬の食材を取り入れ、付け合わせやソースに新鮮なアイデアを加えた定番メニューは全く古くささを感じさせず、その盛り付けの美しさと共に定評を得ています。デザートもおいしいのでぜひ味わって。
白シャツに黒いタブリエでビシッときめたギャルソンたちがきびきびと動き回る姿は、私たちが思い描くパリそのもの！パリ気分を盛り上げてくれるおすすめのレストランです。

カウンターもある店内はパリらしい雰囲気。ひと工夫されたデザートも食べごたえあり。

129 rue Saint Dominique 75007
電話：01 47 05 46 44
メトロ：Ecole Militaire ⑧
営業日：毎日 12:00－15:00/19:30－23:00
定休日：12月24日～25日、12月31日～1月1日
http://fontainedemars.com

Invalides / Tour Eiffel　A

店名の由来となったFontaine(馬の水飲み場)にのぞむテラス席。

鴨のマグレにオリーブソースの斬新な組み合わせ。

美しい天井画や床のタイルは昔のまま……。

ファサードに描かれたワンコの絵がキュート。

気取らない味と雰囲気が愛される秘密

Secco
セッコ

ジャン・ニコ通りを少し歩くと見えてくるブルーのひさし。かつてここは、行列のできる店として名を馳せたパン屋、「プージョラン」があった場所。その人気店を引き継ぐ形で、パリのおしゃれなホテルやカフェのシェフ・パティシエを務めた若手実力派のステファン・セッコさんがやって来ました。パンもなかなかのお味ですが、やっぱり試して欲しいのは彼が得意とするケーキ。おすすめは薄切りのりんごをきれいに並べたりんごパイと、夏はいちご、冬はりんごと中身が変わるシブースト。素直においしいと思える素朴な味とリーズナブルな値段が、毎日のようにパリジャンたちが足を運ぶ理由でしょう。ラタトゥイユやラザニア、キッシュといった温かいメニューをテイクアウトできるのも魅力。

ぜひ味わって欲しいりんごパイといちごのシブースト。どのケーキも果物がたっぷり。

20 rue Jean Nicot 75007
電話：01 43 17 35 20
メトロ：La Tour Maubourg ⑧
営業日：火〜土 8:00〜20:30
定休日：日、月

Invalides / Tour Eiffel

チョコレートのほかにもオリジナルの紅茶がずらり。

形や風合い、名前の記されたシールまで美しいガラスの瓶。

パリで一番古いチョコレート屋さん
A La Mère de Famille
ア・ラ・メール・ドゥ・ファミーユ

1761年から続くパリ最古のショコラトリーと聞くと、敷居の高いシックなお店を想像してしまいがちですが、木棚にガラスの瓶が並ぶいかにも地元のチョコレート屋さんといった風情の素朴な店内。ボンボン・ショコラが2つ並んだかわいい小箱は2.9€という安さも手伝っておみやげに人気。薄いチョコレート2枚に塩バターキャラメル、フランボワーズ、レモンといった上品な味わいのプラリネを挟んだPalets de Montmartreは新発売だというのに早くも多くのファンを持つ自信作。私たちのイチオシはアーモンドとヘーゼルナッツにカカオをまぶしたFolies de l'Ecureuil。リスが夢中になってしまうという名前も納得の、止まらないおいしさです。

こちらが私たちのおすすめ。高級ショコラとは違う庶民的なおいしさはどんな人にも喜ばれそう。

47 rue Cler 75007
電話 : 01 45 55 29 74
メトロ : Ecole Militaire ⑧
営業日 : 月 13:00−19:30、火−土 9:30−19:30、日 10:30−13:30
定休日 : 無休
http://www.lameredefamille.com

壁に並ぶ種類豊富なオーガニックのアロマオイル。　　　　　　　　　　　木の棒をつたって自然に香る小さなディフューザー。

人と自然を大切にする真摯なオーガニック
Florame
フローラム

フランスでのオーガニック農業のパイオニア的存在で、エッセンシャルオイルの専門家でもあったミッシェル・ソムラールさんが、プロヴァンス地方に「フローラム」を創立したのは1990年のこと。私たちの生活にオーガニックという言葉がさほど浸透していなかった頃から、上質な製品を生み出してきた自然派コスメの先駆者です。天然素材から抽出した100%ピュアなエッセンシャルオイルは、エコサート認定マークが付いた水準の高いものばかり。マッサージやルームフレグランスとしてはもちろん、料理に使えるものもあります。人気はハンドクリームやメイク落としなどのスキンケアシリーズ。おみやげにはチョコの形をした、溶けて香るCarrés Fondants(カレ フォンダン)を。

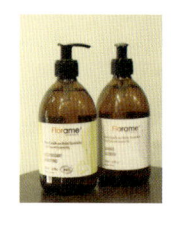

薬瓶のようなハンドソープは見た目もキュート。Carrés Fondants は9粒でキャンドル1つと同じ持続時間だそう。

44 rue Cler 75007
電話：01 45 50 20 90
メトロ：Ecole Militaire ⑧
営業日：火−土 10:00−19:00
（月は11:00〜）
定休日：日
http://www.florame.fr

Invalides / Tour Eiffel   A

女の子なら一度は夢見る天蓋付きのベッド。　　　　　テーマカラーと雰囲気がすべて異なる個性的な客室。

パリに暮らす気分を味わうなら
Hôtel de la Motte Piquet
ホテル・ドゥ・ラ・モット・ピケ　★★★

メトロを出てすぐ、にぎやかなクレール通りとモット・ピケ大通りの角に建つこのホテルは、普段着のパリを体感できるロケーションが魅力。ほんの数歩のところにジャン＝ポール・エヴァンとカフェ・ルノートルが、クレール通りと少し先のサン・ドミニック通りには人気のパン屋やケーキ屋、惣菜屋、ビストロが軒を連ね、毎日おいしいものに出会えるグルメさんにぴったりの場所。パリでは珍しく各室に湯沸かしポットとお茶セットが置かれ、エアコン、無料ネット接続など満足の設備。壁紙からベッドカバー、カーテンまですべての部屋の趣が異なるところにも、オーナーのこだわりを感じます。親切なスタッフとアットホームな雰囲気で、次回のパリ旅行にも戻ってきたくなるホテルです。

ロイヤルブルーの布張りのロマンティックなお部屋で、マリー・アントワネットの気分を味わって。

30 avenue de la Motte Picquet
75007
電話：01 47 05 09 57
メトロ：Ecole Militaire ⑧
料金：シングル 105€〜、ダブル/ツイン 115€〜、デラックス 190€
http://www.hotellamottepicquet.com

まだある！ Invalides / Tour Eiffel のおすすめ

Christophe Roussel
クリストフ・ルッセル

未体験の新世代マカロン

09年にオープンしたばかりのショコラとマカロンの専門店。キャラメル＆ショウガやチョコ＆フォアグラなど、才能あふれる若きシェフが生み出すあっと驚く組み合わせの異色マカロンをぜひ味わって！

住所：10 rue du Champ de Mars
電話：01 40 62 67 00
営：火－土 10:30－19:30、日10:30－15:30　休：月

Chez L'Ami Jean
シェ・ラミ・ジャン

気取らない雰囲気と洗練された料理

ネオ・ビストロを代表する人気店。木のテーブルが並ぶ小ぢんまりした店内はいかにもパリらしい風景。メニューからは想像できない洗練されたフレンチを満喫できる。日替わり3品32€とリーズナブル。

住所：27 rue Malar　電話：01 47 05 86 89
営：火－土12:00－14:00/19:00－24:00（月は夜のみ）　休：日

Dông Phat
ドン・ファ

安く・手早く・おいしくのベトナム料理

「シェ・ラミ・ジャン」の斜め向かいにあるベトナム料理店。決してしゃれているわけではないけれど、10€で熱々のフォーやボブンが食べられる、地元っ子に人気のお店。懐が寒くなったら駆けこもう。

住所：10 rue Malar
電話：01 45 56 16 49
営業：月－土11:30－14:30/18:30－22:00　休：日

Lemoine
ルモワン

パリで一番おいしいカヌレ

18世紀創業の老舗カヌレ店がパリに出店。毎朝オーブンで焼かれるカヌレは、グルメな7区のマダムをはじめパリ中のファンたちをとりこにしている。今までのカヌレ観をくつがえす「本物の味」。

住所：74 rue St Dominique
電話：01 45 51 38 14
営：毎日8:30－20:00　無休

Bellota-Bellota
ベジョータ・ベジョータ

生ハムの王様の最高級品が味わえる店

「セッコ」（P126）の隣にあるタパス・レストラン。長い間かけて乾燥・熟成させたベジョータ・ハムを薄くスライスし、山のような形の皿にずらりと並べた「火山盛り」は絶品。何時でも食事OK。

住所：18 rue Jean Nicot
電話：01 53 59 96 96
営：月－金11:00－23:00、土10:00～　休：日

Les Cocottes
レ・ココット

通称コンスタン通りのカジュアルなお鍋

サン・ドミニク通りに4店舗を構えるクリスチャン・コンスタンの最新レストラン。「お鍋」という名の通り、料理のほとんどがSTAUBの鍋でサーブされる。カウンター席はひとりごはんに。

住所：135 rue St Dominique
電話：01 45 50 10 31
営：毎日8:00－22:30　無休

Au Bon Acceuil
オー・ボン・アキュイユ

エッフェル塔見物のあとの食事に

エッフェル塔のすぐそば、ケ・ブランリー美術館の裏手にあるリーズナブルなレストラン。気の利いた食事処の少ないこの界隈で、正統派フレンチをシックな雰囲気の中で楽しめる隠れたおすすめスポット。

住所：14 rue de Monttessuy　電話：01 47 05 46 11
営：月－金12:00－14:30/19:30－22:30　休：土日

Zico
ジコ

流行をおさえたセレクトがGood

「セッスン」（P96）、「イロ」（P62）、「マヌーシュ」（P10）など、今パリジェンヌに大人気のブランドが顔を揃えるセレクトショップ。流行をおさえたベーシックなアイテムが魅力。

住所：115 rue St Dominique
電話：01 53 59 83 01
営：月－土10:30－19:30　休：日

お天気の日にふらりと立ち寄りたい
のんびりエリア

Canal Saint Martin
サン・マルタン運河

ほんの10年ほど前は、良くも悪くも庶民的なイメージだったこの界隈。サン・マルタン運河沿いにおしゃれなカフェやブティックが次々とオープンし、今では多くのパリジャンたちに愛される人気スポットに変身しました。きらきら光る運河を眺めながらの散歩は、心から癒されます。

{ 主な観光スポット }

レピュブリック広場

サン・マルタン運河

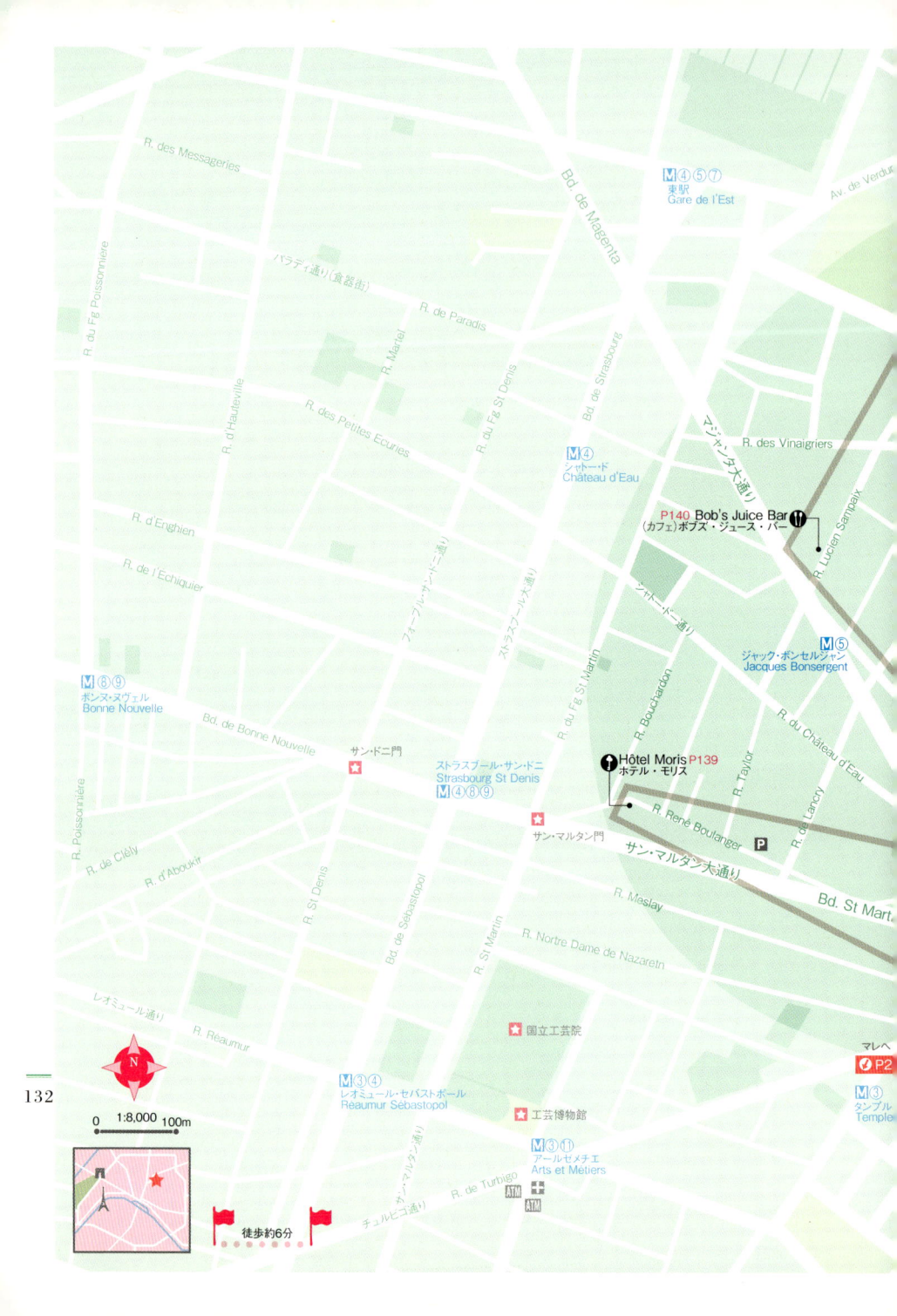

Canal Saint Martin

サン・マルタン運河

La Cantine de Quentin P140
ラ・カンティーヌ・ドゥ・カンタン
(フレンチ / エピスリー)

エリア A

サン・ルイ病院

Antoine et Lili
アントワーヌ・エ・リリ
(レディス / 子供服)

Du Pain et Des Idées P134
デュ・パン・エ・デ・ジデ(パン)

APC アーペーセー (レディス / メンズ)

WOWO ウォウォ (子供服) P136

agnès b. femme (レディス / 子供服)
アニエス・ベー・ファム

Chez Prune P140
シェ・プリュンヌ (カフェ)

Family Affair P140
ファミリー・アフェア
(パスタ / 麺)

Médecine Douce P140
メディスン・ドゥース (アクセサリー)

Potemkine P138
ポテムキン(DVD)

Cotélac (レディス / メンズ)
コテラック

renhsen P137
レンセン (ジーンズ / セレクト)

agnès b. homme (メンズ)
アニエス・ベー・オム

idéco paris P140
イデコ・パリ (雑貨 / おみやげ小物)

Des Petits Hauts P96
デ・プチ・オ (レディス)

Sésame P140
セザム (スムージー / カフェ)

コンクール
Goncourt

Canal Saint Martin
サン・マルタン運河
映画『アメリ』にも登場した、パリジャンお気に入り散策スポットのひとつ。運河沿いのベンチでお昼ごはんはいかが?

Le Phare du Canal P140
ル・ファー・デュ・カナル(フレンチ)

habitat
アビタ
(インテリア)

P87 バスティーユへ

レピュブリック
République

レピュブリック大通り

パルマンチエ
Parmentier

オベルカンフ
Oberkampf

Place de la République
レピュブリック広場
ファストフードやチェーンのレストラン、カフェなど気軽に食事できるお店が多くて便利。

A Canal Saint Martin

クリエイターたちに愛される
気取らないカルチエ

映画『アメリ』で、彼女が水面に石を投げるシーンが印象深いカナル・サン・マルタンは、パリ10区と11区にまたがる全長4.55kmの運河。運河沿いの石畳の上をのんびりと散歩しがてら、周辺に点在するブティックやカフェもぜひ訪ねてみて。自由で気取らないこの地区独特の空気を愛するクリエイターたちに出会えます。とても小さなエリアだから、3時間もあれば充分満喫できます。

フランス伝統のパンの味を守る店

Du Pain et Des Idées
デュ・パン・エ・デ・ジデ

スーツの生活から一転、パン職人となった異色の経歴を持つクリストフ・ヴァスールさんのお店。120年前のブランジュリーを当時のまま保存した美しいファサードから漂う香ばしくて甘い香りに惹きつけられ、朝から晩までお客さんがひっきりなしにやってきます。最高級の材料を選び、エクレアなどのパティスリーは一切作らないというところにも彼のこだわりを感じます。伝統製法に従い、時間をかけて作られるおいしさはやはりBaguette à l'Ancienne（バゲット・ア・ランシェンヌ）などのシンプルなパンで味わいたいところ。クロワッサン生地にラムレーズンやプラリネを加えたEscargot（エスカルゴ）もクセになるおいしさです。

オーガニックの小麦粉と未精製の海の塩、天然酵母を使ったシリアルたっぷりのパン。

34 rue Yves Toudic 75010
電話：01 42 40 44 52
メトロ：République ③⑤⑧⑨⑪、Jacques Bonsergent ⑤
営業日：月ー金 6:45－20:00
定休日：土、日、7月末～8月末
http://www.dupainetdesidees.com

Canal Saint Martin　　　　Ａ

パンの並べ方や器にもさりげないこだわりが感じられる店内。

この店の伝統的なパン作りを象徴するような、昔ながらのファサード。

子供部屋で真似したくなるキュートなディスプレイ。　　　　　　　　　　　　　　　ビンテージの世界とぴったりくる懐かしい雰囲気の絵。

レトロでポップなおしゃれ子供服
WOWO
ウォウォ

「ウォウォ」という風変わりな店名は、デザイナーのエリザベートさんの娘が弟につけたあだ名。お店にはどことなく懐かしさを感じさせるレトロな雰囲気の子供服が並びます。「自分が小さかったころに着たかった」と思える服をイメージして、昔の写真やビンテージの服からインスピレーションを得ているというエリザベートさん。ポップなプリント地を使ったワンピースやシャツには、アメリカ人のお母さんと一緒に子供のころよく観に行ったというアメリカ映画の影響もありそうです。女の子にはキュート、男の子にはかっこいいモチーフが揃うTシャツも、この店の人気商品。まるでキャンバスに絵を描くように自由自在に表現できるから好きな素材なのだそうです。

3ヵ月の赤ちゃんから12歳用まで揃う色とりどりのTシャツが、壁一面にずらり。

11 rue de Marseille 75010
電話 : 01 53 40 84 80
メトロ : République ③⑤⑧⑨⑪、Jacques Bonsergent ⑤
営業日 : 月 14:00－19:00、火－土 11:00－19:00　定休日 : 日、8月
http://www.wowo.fr

Canal Saint Martin　A

「セッスン」〈P96〉などパリジェンヌ御用達ブランドが並ぶ。　　カットやカラーの異なるジーンズがよりどりみどり。

ジーンズフリークに愛されるデニムブランド

renhsen ⛩

レンセン

　長年リーバイス輸入の仕事をしていたミカエル・ムオンゲさんが2005年に立ち上げた「レンセン」は、ジーンズフリークの間でも知る人ぞ知る人気ブランド。穿きごこちの良さやカッティングの美しさもさることながら、彼の生み出すジーンズにはまるでオーダーメイドのスーツのようなエレガンスが漂っています。一番人気はtoile japonais（トワル ジャポネ）、つまり日本産の生地を使ったジーンズ。母国アメリカでは失われてしまった伝統的なデニム作りの技が今も息づき、世界のジーンズファンが認める最高級生地を作っているのはなんと我が日本なのです。お店には他ブランドからセレクトした服やアクセサリーも揃い、ジーンズに合わせたトータルコーディネートを楽しめます。

ジーンズと合わせやすい、カラフルでフェミニンな靴のセレクトも充実。

22 rue Beaurepaire 75010
電話：01 48 04 01 01
メトロ：République ③⑤⑧⑨⑪、Jacques Bonsergent ⑤
営業日：月－金 10:00－19:30、土 11:00－19:30、日 14:00－19:30
定休日：8月中旬1週間
http://www.renhsen.com

並んだDVDの数に、シネフィルなら思わずニンマリしてしまいそう。

映画の国フランスだから訪れたいDVD屋さん

Potemkine 🎨
ポテムキン

フランス人とスウェーデン人の両親を持つ、背のたかーいニルスさんがオーナーのDVD屋さん。店内にずらりと並ぶのは、彼自身がコツコツと探し集めた世界各国の映画や、音楽・アートといった幅広いジャンルのDVDたち。パリの映画専門店というと、誰も知らないようなレアな作品や、何度観ても頭を抱えてしまう難解な実験映画ばかりを扱っているとっつきにくいイメージがありますが、ニルスさんのセレクトは違います。知名度の低い隠れた名作に交じって、超がつくほど有名なハリウッド映画が顔をのぞかせる絶妙なバランス感覚がこのお店の良いところ。もちろん、コメディからシリアスまでフランス映画の秀作もたくさん揃うので、シネフィルにはぜひ訪れてほしい場所。

ニルスさんおすすめの『かごの中の子供たち』『ぼくの伯父さん』『赤い風船・白い馬』。

30 rue Beaurepaire 75010
電話：01 40 18 01 81
メトロ：République ③⑤⑧⑨⑪、Jacques Bonsergent ⑤
営業日：月 11:00−19:00、火−土 11:00−20:00、日 14:30−19:00
定休日：無休
http://www.potemkine.fr

Canal Saint Martin

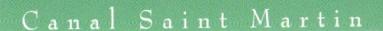

真っ白で清潔感あふれるバスルーム。

マダムが細部までこだわったシックなインテリア。

いつもと違う地区で見つけた穴場的プチホテル

Hôtel Moris
ホテル・モリス ★★★

パリには何回か来ていてすっかり詳しくなった、という人でも、ホテル選びだけは「無難にオペラかサンジェルマンにしておこう」とつい保守的になってしまいがち。実は、そんなメジャーな地区から一歩外に出るだけで、同じ値段でよりレベルの高いホテルが見つかることが多いのです。山手線の内側にすっぽり入ってしまうほど小さいパリ市内だからこそ、2回目以降の滞在ではぜひ今まで知らなかった地区のホテルを試してみてほしい……そんな願いを込めてご紹介するのがこのホテル・モリス。2008年にリニューアルした客室は清潔で設備も十分。メトロでパリ中に簡単にアクセスできるロケーションは、オペラやサンジェルマンにもひけをとりません。

石壁と丸天井が歴史を感じさせる地下のカーヴで、おいしいビュッフェ式の朝食を。

13 rue René Boulanger 75010
電話：01 42 06 27 53
メトロ：Strasbourg Saint Denis ④⑧⑨
　　　　République ③⑤⑧⑨⑪
料金：シングル69€〜、ダブル79€〜
http://www.hotelmoris.com

まだある！ Canal Saint Martin のおすすめ

La Cantine de Quentin
ラ・カンティーヌ・ドゥ・カンタン

毎日通いたくなるカンタンさんの食堂

素朴な食堂の雰囲気とは対照的に、洗練されたフレッシュな料理を味わえるお店。エピスリーも兼ねていて、フォアグラやワインなどお店で味わったフランスの名産をおみやげに買って帰ることもできる。

住所：52 rue Bichat　電話：01 42 02 40 32
営：エピスリー10:00−20:00　食事12:00−15:30
休：月

Chez Prune
シェ・プリュンヌ

サン・マルタン運河のメッカ的存在

気取らない雰囲気と良い意味でおキラクそうなスタッフがいかにもパリらしいこのカフェは、運河沿いをおしゃれに変身させた立て役者。気軽に食事もでき、運河の風景を眺められるテラスはいつも大人気。

住所：36 rue Beaurepaire
電話：01 42 41 30 47
営：月−土8:00−26:00　日10:00−26:00　無休

Family Affair
ファミリー・アフェア

パスタと麺で世界一周

パスタ・ブランド、ブイトーニ創業者の子孫が開いたこのレストランでは、イタリア、アメリカ、中国、ラオスなど各国風のソースでさまざまな麺を味わえる。まさに店名どおりの「家業」を継いだ店！

住所：33 rue Beaurepaire
電話：01 40 18 49 79
営：火−土12:00−15:00/19:30−23:00　休：日月

Sésame
セザム

名物は作りたてのスムージー

つい長居したくなるリラックスした空気が人気のカフェ。注文後に作ってくれるスムージーや、オーガニックのパンと野菜を使ったサンドイッチがおすすめ。テイクアウトして運河のベンチで食べても。

住所：51 quai de Valmy
電話：01 42 49 03 21
営：火−日10:00−19:00　休：月

Le Phare du Canal
ル・ファー・デュ・カナル

リラックスがテーマのカフェ

昔ながらの亜鉛のカウンターや螺旋階段にカラフルでモダンなファニチャーが不思議にマッチして、おしゃれなのにリラックスできるカフェ。ボリュームたっぷりのフレンチを気軽に楽しめる。

住所：32 rue Fbg du Temple　電話：01 43 57 84 96
営：カフェ・バー 7:30−25:00（食事は12:00−24:00）
無休

Bob's Juice Bar
ボブズ・ジュース・バー

パリで感じるNYの風

NY出身のボブさんが切り盛りするこの小さなお店では、ベジタリアンとオーガニックにこだわったサンドイッチやスープ、マフィンが味わえる。安くてヘルシー、そしてフレンドリーな雰囲気が人気。

住所：15 rue Lucien Sampaix
電話：09 50 06 36 18
営：月−土 7:30−15:00　休：日

idéco paris
イデコ・パリ

オリジナルなパリみやげを探すなら

フランスはもちろん、ドイツやデンマークのちょっとユニークでカラフルな雑貨が見つかるお店。キッチン用品、バーバパパやぞうのエルマーのぬいぐるみなど、キャラクターグッズはおみやげにぴったり。

住所：19 rue Beaurepaire
電話：01 42 01 00 11
営：月−土11:30−19:00　日14:30−19:00　無休

Médecine Douce
メディスン・ドゥース

人気上昇中のノスタルジックなジュエリー

医者ばかりの家庭で育った一人デザイナーとなったマリー・モントーが生み出すアクセサリーは、華奢なチェーンとパールを組み合わせたロングネックレスなど、ちょっぴり昔懐かしいアンティーク感が人気。

住所：10 rue de Marseille
電話：01 48 03 57 28
営：月−土 11:00−19:00　休：日

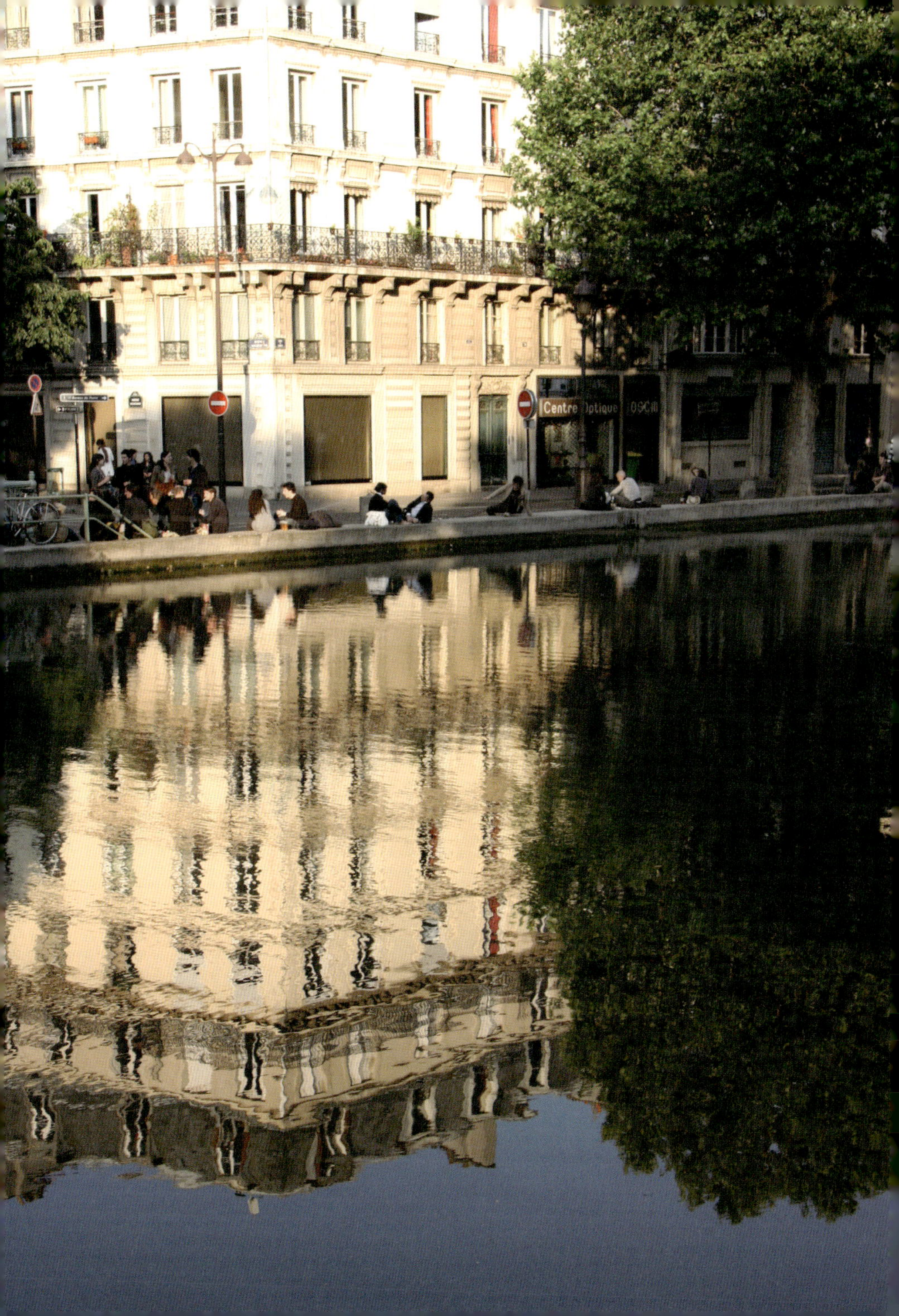
Centre Optique

Column

{ パリジャンの横顔 }

行列そっちのけで世間話をする店員さんとマダム、
珍しいだろうからと果物やチーズをあれこれ味見させてくれるマルシェのムッシュー、
小銭が足りないと困っていたら、おまけするよとウィンクするカフェのギャルソン……
パリに息づくこんな人と人とのふれあいが、私たちを驚かせ、そして心を温めてくれます。
歴史を感じさせる風景はもちろん、そこに暮らす人々の普段着の姿を垣間見るのも
パリを旅する喜びのひとつかもしれません。

● 日本を夢見るパリジェンヌ！？

ここ1、2年で、寿司やマンガだけではないリアルな日本を知る人たちがぐんと増えた印象のパリ。今回の取材でも、最近日本を旅行してすっかりとりこになったという人たちに出会いました。
「かわいいものがありすぎて、つい買いすぎちゃった。またすぐにでも行きたい！」と言うのは、サンジェルマンを案内してくれたポリーヌさん（P72）。展示会のために初来日したナターシャさん（P105）は、「日本の女の子にとってパリジェンヌは憧れの的だと言うけれど、とんでもない！ 彼女たちの方がよっぽどきれいでエレガントよ」と、興奮気味に語ってくれました。
日本独特の文化、お弁当箱も「ルゥルゥ・アディクト」（P92）や「ボントン・バザール」（P70）の人気商品。また、「ローズ・ベーカリー」（P30）のように日本人シェフが活躍するレストランも登場し、パリを歩いていると日本人であることがちょっぴり誇りに感じられる今日この頃です。

● フランス流・ファストフード

グルメの国フランスといえど、仕事が忙しかったり、不況の影響であまり贅沢をできなかったりとフランス人の食生活は「手早く、軽く」へと少しずつ変わってきました。
かつて2時間近くかけて前菜・メイン・デザートを食べていたランチタイムも、最近はカフェやオフィスで簡単に済ませるのが主流です。日本人にとってのおにぎり的存在、バゲットのサンドイッチは今も根強い人気ですが、それじゃちょっと物足りないという人たちのために、ここ数年パリに続々とオープンしているのがコンセプトのあるファストフード店。
レストランにひけをとらないシェフ考案の料理を味わえる「キュイジーヌ」（P24）や「ブーランジェピシエ・ビー」（P54）のような店、オーガニックでヘルシー志向の店など、バラエティ豊富なメニューを店内で食べたり、テイクアウトしたりできるのが魅力です。
セルフサービス形式と手頃な価格は、旅行者にとってもうれしいですね。

ゆっくりと時が流れる気品漂うセーヌの小島

Ile Saint Louis
サン・ルイ島

セーヌ川に浮かぶこの小さな島は、その昔、パリがまだリュテシアと呼ばれていた頃から存在したパリ発祥の地のひとつ。月日はうつり、今では政治家や大スター、由緒正しい貴族など、ほんのひとにぎりの選ばれた人だけが住むことのできる最高級住宅地として知られ、その閑静な佇まいはパリジャンの憧れです。

[主な観光スポット]

セーヌ河岸

ベルティヨン

パリ市庁舎

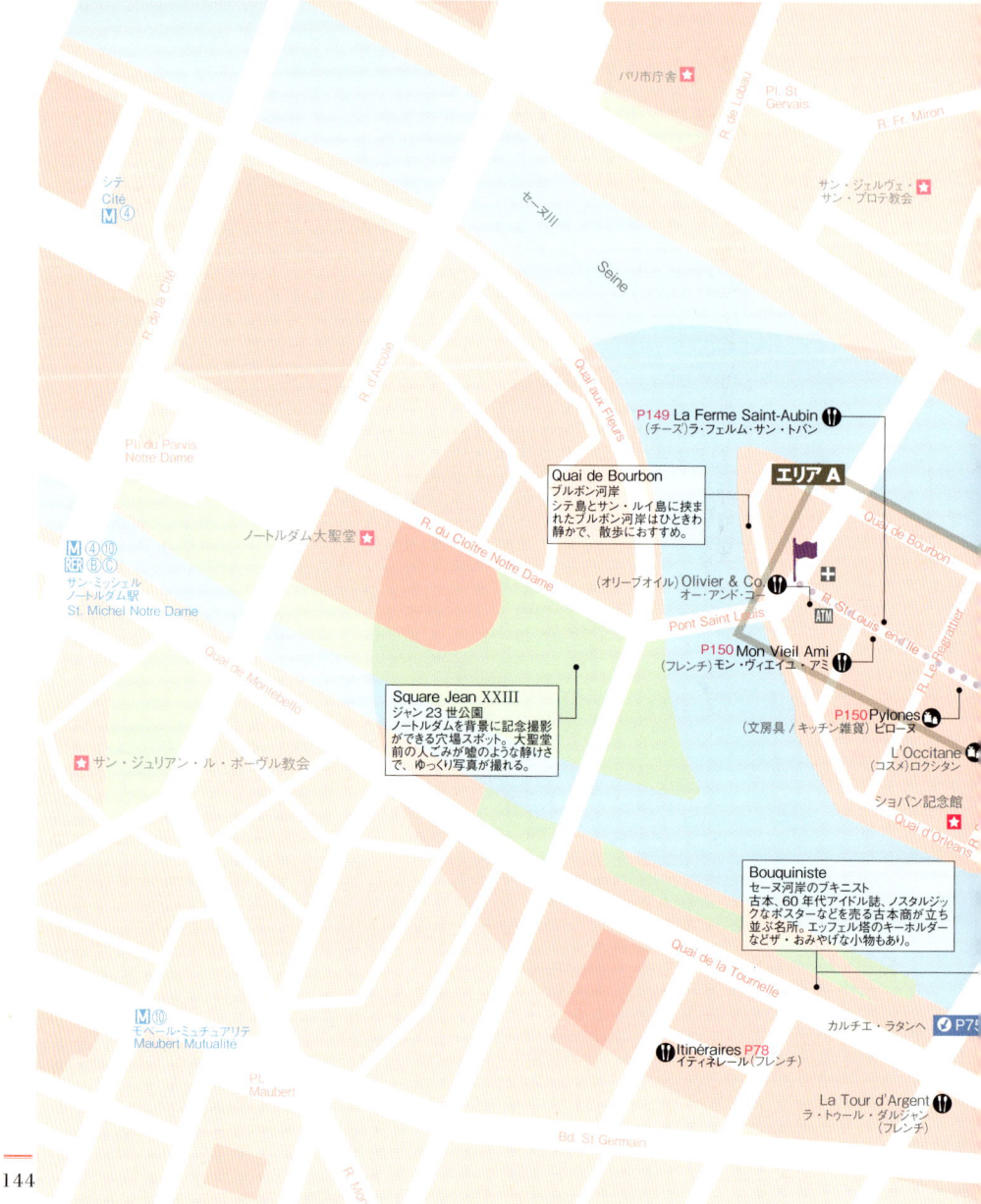

R. Fr. Miron

PL St Gervais

R. de Lobau

サン・ジェルヴェ・サン・プロテ教会

シテ
Cité
M ④

セーヌ川
Seine

P149 La Ferme Saint-Aubin
(チーズ)ラ・フェルム・サン・トバン

Pl. du Parvis
Notre Dame

R. d'Arcole

Quai aux Fleurs

Quai de Bourbon
ブルボン河岸
シテ島とサン・ルイ島に挟まれたブルボン河岸はひときわ静かで、散歩におすすめ。

エリア A

ノートルダム大聖堂

R. du Cloître Notre Dame

Quai de Bourbon

M ④ ⑩
RER ⓑ ⓒ
サン・ミシェル
ノートルダム駅
St. Michel Notre Dame

(オリーブオイル) Olivier & Co.
オー・アンド・コー

ATM

Pont Saint Louis

R. St-Louis en l'Ile

R. Le Regrattier

Quai de Montebello

P150 Mon Vieil Ami
(フレンチ) モン・ヴィエイユ・アミ

Square Jean XXIII
ジャン 23 世公園
ノートルダムを背景に記念撮影ができる穴場スポット。大聖堂前の人ごみが嘘のような静けさで、ゆっくり写真が撮れる。

P150 Pylônes
(文房具/キッチン雑貨) ピローヌ

サン・ジュリアン・ル・ポーヴル教会

L'Occitane
(コスメ) ロクシタン

ショパン記念館

Quai d'Orléans

Bouquiniste
セーヌ河岸のブキニスト
古本、60年代アイドル誌、ノスタルジックなポスターなどを売る古本商が立ち並ぶ名所。エッフェル塔のキーホルダーなどザ・おみやげな小物もあり。

Quai de la Tournelle

M ⑩
モベール・ミュチュアリテ
Maubert Mutualité

Pl. Maubert

カルチエ・ラタンへ P75

Itinéraires P78
イティネレール (フレンチ)

La Tour d'Argent
ラ・トゥール・ダルジャン
(フレンチ)

Bd. St Germain

R. Monge

R. des Écoles

144

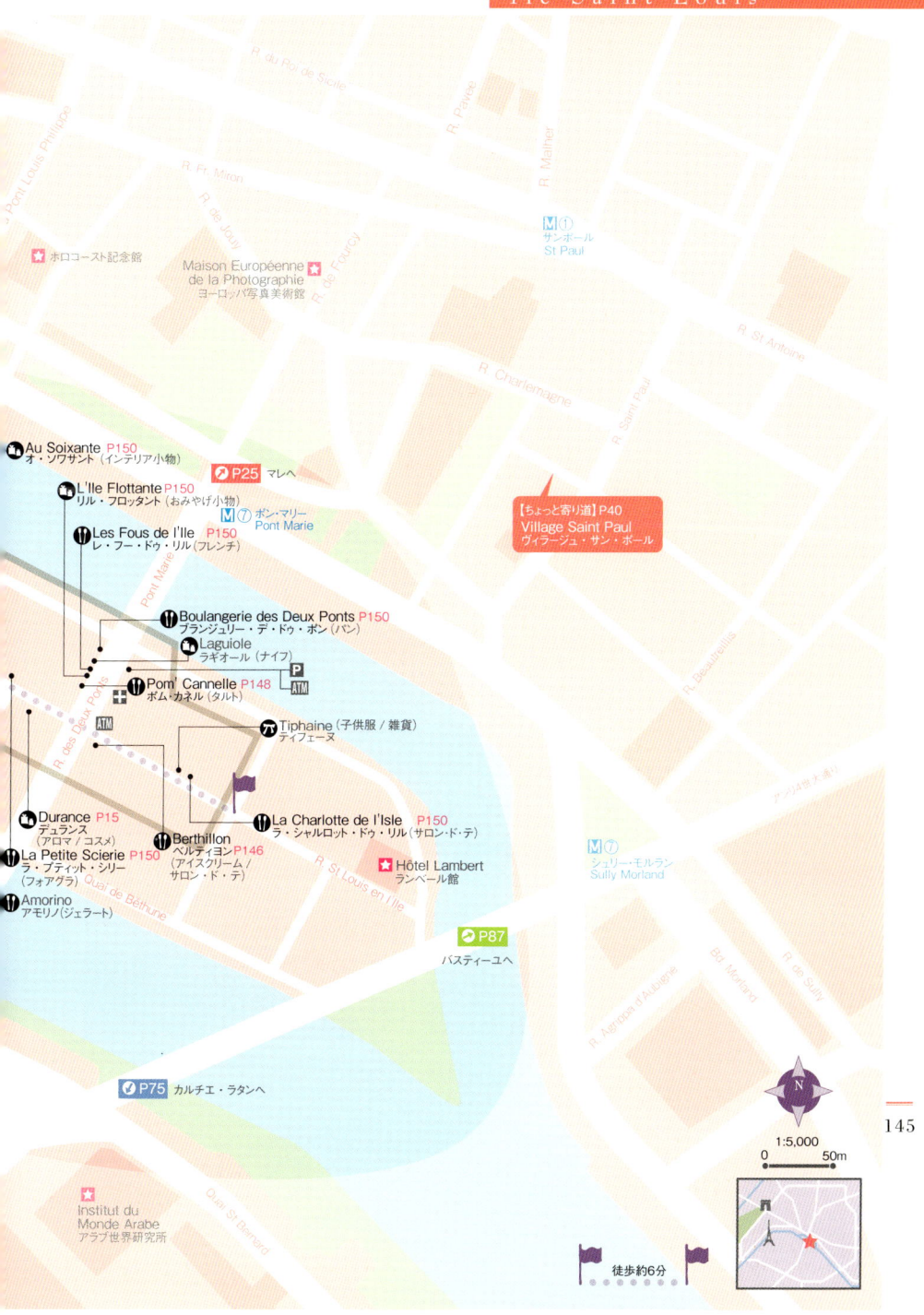

Ile Saint Louis

ホロコースト記念館

Maison Européenne de la Photographie
ヨーロッパ写真美術館

M① サン・ポール
St Paul

M⑦ ポン・マリー
Pont Marie

【ちょっと寄り道】P40
Village Saint Paul
ヴィラージュ・サン・ポール

P25 マレへ

Au Soixante P150
オ・ソワサント（インテリア小物）

L'Ile Flottante P150
リル・フロッタント（おみやげ小物）

Les Fous de l'Ile P150
レ・フー・ドゥ・リル（フレンチ）

Boulangerie des Deux Ponts P150
ブランジュリー・デ・ドゥ・ポン（パン）

Laguiole
ラギオール（ナイフ）

Pom' Cannelle P148
ポム・カネル（タルト）

Tiphaine（子供服 / 雑貨）
ティフェーヌ

Durance P15
デュランス（アロマ / コスメ）

La Petite Scierie P150
ラ・プティット・シリー（フォアグラ）

Berthillon P146
ベルティヨン（アイスクリーム / サロン・ド・テ）

La Charlotte de l'Isle P150
ラ・シャルロット・ドゥ・リル（サロン・ド・テ）

Amorino
アモリノ（ジェラート）

Hôtel Lambert
ランベール館

M⑦ シュリー・モルラン
Sully Morland

P87 バスティーユへ

P75 カルチエ・ラタンへ

Institut du Monde Arabe
アラブ世界研究所

徒歩約6分

1:5,000
0　　50m

145

A Ile Saint Louis

マレ地区とセットで
日曜を楽しもう

サン・ルイ島は、パリの中でもメトロの通っていない唯一の場所。セーヌ川に囲まれ、静寂が漂うこの島は散策にぴったりです。すべての見どころが2つの通りに集まっているから、あっという間に見てまわれるのも魅力。お隣のシテ島で観光を終えたら、こちらまで足を延ばしてランチやお茶を楽しみましょう。日曜オープンの店がほとんどなので、マレ地区(P25〜)と組み合わせるのもおすすめ。

超人気アイスクリーム屋のサロン・ド・テで極上パフェ

Berthillon
ベルティヨン

サン・ルイ島を歩く旅行者の正しい姿は右手に地図、左手にアイスクリーム！ と言いたくなるほど、この小さな島の観光に欠かせない存在の「ベルティヨン」。1954年の創業以来、毎朝届けられるフレッシュミルクと上質なカカオやフルーツを使って手作りされるアイスクリームは、ここにしかない特別な味わいです。私たちがぜひおすすめしたいのは、意外と知られていないシックな雰囲気のサロン・ド・テ。野苺と生クリームをふんだんに使った極上パフェFraise des Bois Melba(秋冬はマロングラッセ)や、パリで一番高さがあると噂のタルト・タタンのバニラアイス添えなど、テイクアウトでは決して味わえないデザートを優雅に楽しみましょう。

老舗にふさわしい、落ち着いた佇まいのファサード。やわらかな光の入る窓辺に腰掛けて。

29-31 rue Saint Louis en l'Ile 75004
電話：01 43 54 31 61
メトロ：Pont Marie ⑦
営業日：水〜日 10:00−20:00
定休日：月、火、7月20日〜8月31日
http://www.berthillon.fr

Ile Saint Louis

A

一度食べたら夢にまで出てくる感動的な味わいのメルバ。9€。

このお店でベルティヨンのアイスを購入できる。　　1皿でお腹いっぱい、ボリュームたっぷりのタルト。

旅行者に親切なカフェレストラン
Pom' Cannelle 🍴
ポム・カネル

サン・ルイ島を散歩中にお腹がすいたら必ず駆け込むお店がここ。「ポム・カネル」の一番の魅力は、なんと言ってもノンストップで温かい料理が食べられるところ。時間のない旅行者にとっては本当にありがたい存在です。毎日手作りされる10種類のタルトはほうれん草とサーモン、ハムとマッシュルームなどの塩味から、アフタヌーンティーにぴったりなフルーツタルトまでさまざま。仔牛のシチューやオッソブッコといった定番のブラッスリー料理もいつでもオーダーが可能です。パリに来たら一度は味わいたいオニオングラタンスープもなかなかのお味。シックなサン・ルイ島には珍しく、どの料理も10€以下という良心的なお値段がさらに心強い！

ステンドグラスと緑色のファサードが目印。ソースのかかった赤い実のタルトは甘酸っぱくておいしい。

27 rue des Deux Ponts 75004
電話：01 46 34 68 59
メトロ：Pont Marie ⑦
営業日：毎日 12:00〜22:00
定休日：無休
予算：昼日替わり9.50€、サラダ付き塩味タルト9€、デザート6€

Ile Saint Louis

白衣をびしっと着たチーズの専門家、ギヨさん。

いろんな形と種類がそろっていてチーズ文化の深さを実感。

舌の肥えたグルメたちが認めるこだわりのチーズ屋さん
La Ferme Saint-Aubin
ラ・フェルム・サン・トバン

一見なんの変哲もない町のチーズ屋「ラ・フェルム・サン・トバン」は、実は数々のグルメガイドで紹介される知る人ぞ知る名店。ショーケースに並ぶさまざまな形のチーズは、フランス各地の厳選された生産者から取り寄せたもの。冷凍されたミルクで作るチーズが主流になりつつある今、その波に逆らうように、可能な限り新鮮な生乳を使った製品だけを扱う貴重なお店です。店をきりもりするギヨさんは丁寧に説明してくれるチーズのエキスパート。30ヵ月寝かせたVieux Comtéや修道女が作るクルミのリキュール入りTrappe Echourgnac Noix、ハードタイプや灰をまぶした山羊のチーズなど、味わってほしいチーズがたくさん。無料の真空パック（Sous-Vide）で日本への持ち込みもOK。

りんごのような形をした可愛らしい一口サイズの山羊のチーズは、アペリティフにぴったり。

76 rue Saint Louis en l'Ile 75004
電話：01 43 54 74 54
メトロ：Pont Marie ⑦
営業日：火〜日 8:30－19:30
定休日：月

まだある！ Ile Saint Louis のおすすめ

Mon Vieil Ami
モン・ヴィエイユ・アミ

野菜が主役のヘルシーフレンチ

肉や魚より野菜の名前が大きく記されたメニューが特徴のこのお店は、野菜本来の旨みと食感を見事にあやつる日本人好みのフレンチ。うっかり前を通り過ぎてしまうほど控え目な店構えなので注意。

住所：69 rue St Louis en l'Ile
電話：01 40 46 01 35
営：水-日12:00-14:00/18:30-22:00　休：月火

Les Fous de l'Ile
レ・フー・ドゥ・リル

ほっとする味わいのおすすめビストロ

地元っ子に愛されるカジュアルなビストロ。ポロ葱のヴィネグレットや鴨のコンフィなど伝統的な料理を一日中ノンストップで味わえる、知っていると便利なアドレス。2品17€、3品25€と値段もリーズナブル。

住所：33 rue des Deux Ponts
電話：01 43 25 76 67
営：毎日10:00-24:00　無休

La Charlotte de l'Isle
ラ・シャルロット・ドゥ・リル

たまにはゆっくりと静寂を楽しんで

有名な「ベルティヨン」の陰に隠れるようにひっそりと佇むもうひとつのサロン・ド・テ。時が止まったような空間が忙しい現実を忘れさせてくれる。店主シルヴィさん手作りのショコラ・ショーとタルトは絶品。

住所：24 rue St Louis en l'Ile
電話：01 43 54 25 83
営：木-日14:00-20:00　休：月火水

La Petite Scierie
ラ・プティット・シリー

フォアグラ初体験はぜひこの店で

このお店に並ぶ瓶詰めのフォアグラやリエットはすべてドゥイ夫妻の手作り。大量生産出来ない貴重な味はパリジャンに高く評価されている。店内で食べられる、作りたてフォアグラのサンドイッチがおすすめ。

住所：60 rue St Louis en l'Ile
電話：01 55 42 14 88
営：月、木-日11:00-19:00　休：火水

Boulangerie des Deux Ponts
ブランジュリー・デ・ドゥ・ポン

天井画の美しい島の小さなパン屋さん

古くからパン屋さんだったという建物を利用した小さなお店。キャラメリゼされたフワフワのミニシュー、Chouquettesを口にほうりこみながらサン・ルイ島を散策しよう。

住所：35 rue des Deux Ponts
電話：01 43 54 57 59
営：月-火、金-日6:45-20:15　休：水木

Au Soixante
オ・ソワサント

古き良き時代を偲ばせるフランス雑貨

素朴なカフェオレボウルや懐かしい絵柄のクッキーの箱、田舎の家を思わせるコートフックなど、アンティーク調の雑貨で飾られたかわいらしいお店。ロマンティックな小物が大好きな人はぜひ訪れて。

住所：60 rue St Louis en l'Ile
電話：01 40 46 05 62
営：月、木-日11:00-14:00/15:00-20:00　休：火水

L'Ile Flottante
リル・フロッタント

昔ながらのおみやげ屋さん

ミニチュアの人形、リモージュ焼きの小物入れ、ボンボンショコラにキャンディ、紅茶……いろんなものが重なるように並ぶ薄暗い店内が幼い頃に通った駄菓子屋さんを彷彿とさせる、レトロなお店。

住所：31 rue des Deux Ponts
電話：01 43 54 69 75
営：毎日11:00-19:00　無休

Pylones
ピローヌ

ポップなフランスみやげを探すならここ

エッフェル塔のおろし器やメトロ路線図のキッチンクロスなど、カラフルなパリみやげがたくさん揃う雑貨屋さん。変わったアイデアのグッズや文房具は、プチプライスも手伝って思わずひとつ欲しくなる。

住所：57 rue St Louis en l'Ile
電話：01 46 34 05 02
営：毎日10:30-19:30　無休

旅のフランス語

旅の途中で、気難しそうな顔をしたムッシューやツンとしたマダムに出会ったときは、勇気を出してフランス語で話しかけてみましょう。
きっと予想外のスマイルが返ってくるはずです。
たとえ「外国語は才能ないから無理！」という人でも、
「こんにちは」「ありがとう」「さようなら」という基本の挨拶を
きちんと使うだけで、気持ちのよい旅ができますよ。

基本の挨拶

こんにちは
Bonjour
ボンジュー

ありがとう
Merci
メルスィ

さようなら
Au revoir
オーヴォワ

（人にぶつかったとき）すみません
Pardon
パルドン

（人に呼びかけるとき）すみません
S'il vous plaît
スィルヴプレ

> 相手の性別に応じて、最後にMonsieur（ムッシュー）かMadame（マダム）をつけると、より丁寧です。

街歩き、メトロで

××はどこにありますか？
Où se trouve XX ?
ウ ス トゥルヴ ××？

（本の地図で行きたい場所を指差して）この店に行きたいんです。
Je voudrais aller à ce magasin.
ジュ ヴドレ アレ ア ス マガザン

この店は××通りにあります。
Ce magasin est dans la rue XX.
ス マガザン エ ドン ラ リュ ××

××へはどうやって行けばいいですか？
Comment je peux aller à XX ?
コモン ジュ プ アレ ア ××？

左に曲がる
Tourner à gauche
トゥルネ ア ゴーシュ

右に曲がる
Tourner à droite
トゥルネ ア ドロワット

まっすぐ行く
Aller tout droit
アレ トゥー ドロワ

> フランス人に道を聞くときは、通りの名前を言うと、より伝わりやすいでしょう。

151

ここから一番近い××はどこですか？
Où est XX le (la) plus proche ?
ウ エ ×× ル（ラ） プリュ プロッシュ？

スーパー
le supermarché
ル シュペルマルシェ

カフェ
le café
ル カフェ

郵便局
la Poste
ラ ポスト

薬局
la pharmacie
ラ ファルマシー

ATM
le distributeur de billets
ル ディストリビュトゥー ドゥ ビエ

メトロの駅
la station de métro
ラ スタシオン ドゥ メトロ

パン屋
la boulangerie
ラ ブランジュリー

両替所
le bureau de change
ル ビュロ ドゥ シャンジュ

国鉄の駅
la gare SNCF
ラ ギャール エスエヌセエフ

ここから近いですか？
C'est près d'ici ?
セ プレ ディシ？

ここから遠いですか？
C'est loin d'ici ?
セ ロワン ディシ？

そこまで歩いて／メトロでどのくらい
かかりますか？
Combien de temps ça prend à pied
/ en métro pour y aller ?
コンビアン ドゥ トン サ プラン ア ピエ
／アン メトロ プー イ アレ？

最寄のメトロ駅は何駅ですか？
Quelle est la station de métro la
 plus proche ?
ケ レ ラ スタシオン ドゥ メトロ ラ
 プリュ プロッシュ？

カルネ（10枚綴り回数券）を一つください。
Un carnet, s'il vous plaît.
アン カルネ スィルヴプレ

（自動改札を通れないとき）
このチケットが使えません。
Ce ticket ne marche pas.
ス チケ ヌ マルシュ パ

このメトロ／バスはどこ行きですか？
Quelle est la destination de ce
métro / bus ?
ケ レ ラ デスティナシオン ドゥ ス
メトロ／ビュス？

このメトロ／バスは××で停まりますか？
Est-ce que ce métro / bus s'arrête
à XX ?
エスク ス メトロ／ビュス サレット ア ××？

お店で

××をください。
Je voudrais XX.
ジュ ヴドレ ××

××を探しています。
Je cherche XX.
ジュ シェルシュ ××

××はありますか?
Avez-vous XX ?
アヴェ ヴ ××?

ひとつ大きい/小さいサイズはありますか?
Avez-vous la taille au-dessus / au-dessous ?
アヴェ ウラ タイユ オデュシュ / オドゥス?

これはいくらですか?
C'est combien ?
セ コンビアン?

これを買います。
Je prends cela.
ジュ プラン スラ

プレゼント包装をしてもらえますか?
Pouvez-vous me faire un paquet cadeau ?
プヴェ ヴ ム フェー アン パケ カド?

やっぱり買うのをやめます。ごめんなさい。
Finalement je ne le prends pas, merci.
フィナルモン ジュ ヌ ル プラン パ メルスィ

(まだ決めていないのに店員さんから声をかけられたとき)
見ているだけです、ありがとう。
Je regarde seulement, merci.
ジュ ルギャルドゥ スルモン メルスィ

レストランで

××の名前で予約しています。
J'ai une réservation au nom de XX.
ジェ ユヌ レゼルヴァシオン オ ノン
ドゥ ××

メニューを見せてもらえますか?
Pouvez-vous me donner la carte, s'il vous plaît ?
プヴェ ヴ ム ドネ ラ キャルト
スィルヴプレ?

日本語/英語のメニューはありますか?
Avez-vous la carte en japonais / anglais ?
アヴェ ウラ キャルト オン ジャポネ /
アングレ?

前菜/メイン/デザートに、XXをオーダーします。
Comme Entrée / Plat / Dessert, je prends XX.
コム アントレ / プラ / デセー
ジュ プラン ××

お水をください。
Une carafe d'eau, s'il vous plaît.
ユヌ カラフ ド スィルヴプレ?

(何かをすすめられて)
いいえ、けっこうです。
Non merci.
ノン メルスィ

> 無料の水道水のことです。

とてもおいしかったです。
C'était très bon. / C'était délicieux.
セテ トレ ボン /
セテ デリシュー

トイレはどこですか?
Où sont les toilettes ?
ウ ソン レ トワレット?

お勘定お願いします。
L'addition, s'il vous plaît.
ラディシオン スィルヴプレ

ジャンル別索引

🍴 レストラン

21	L'Ecume Saint Honoré	魚介レストラン	オペラ
22	Little Georgette	プレートランチ	オペラ
24	Au Gourmand	フレンチレストラン	オペラ
24	Zen	ラーメン	オペラ
33	Pasta Linea	イタリアンレストラン	マレ
39	Chez Nénesse	フレンチレストラン	マレ
42	Glou	フレンチレストラン	マレ
42	Minh Chau	ベトナム料理	マレ
48	Les Saveurs de Flora	フレンチレストラン	シャンゼリゼ
52	Café Salle Pleyel	フレンチレストラン	シャンゼリゼ
54	Stella Maris	フレンチレストラン	シャンゼリゼ
54	L'Angle du Faubourg	フレンチレストラン	シャンゼリゼ
73	Da Rosa	エピスリー／レストラン	サンジェルマン・デプレ
73	L'Hôtel Le Restaurant	フレンチレストラン／ホテル	サンジェルマン・デプレ
74	Huîtrerie Régis	生牡蠣レストラン	サンジェルマン・デプレ
74	Coco & Co.	卵料理	サンジェルマン・デプレ
78	Itinéraires	フレンチレストラン	カルチエ・ラタン
86	Restaurant Christophe	フレンチレストラン	カルチエ・ラタン
86	Le Pré Verre	フレンチレストラン	カルチエ・ラタン
86	Ribouldingue	フレンチレストラン	カルチエ・ラタン
86	Le Buisson Ardent	フレンチレストラン	カルチエ・ラタン
96	Chez Paul	フレンチレストラン	バスティーユ
96	Caffe Moro	イタリアンレストラン	バスティーユ
104	Le Moulin de la Galette	フレンチレストラン	モンマルトル
106	Cul de Poule	フレンチレストラン	モンマルトル
106	Casa Olympe	フレンチレストラン	モンマルトル
106	Au Grain de Folie	オーガニック／ベジタリアンレストラン	モンマルトル
112	Comptoir de la Gastronomie	エピスリー／レストラン	シャトレ／市役所
113	Olio Pane Vino	イタリアンレストラン	シャトレ／市役所
114	Monjul	フレンチレストラン	シャトレ／市役所
120	Bam, Bar à Manger	フレンチレストラン	シャトレ／市役所
120	Le Potager du Marais	オーガニック／ベジタリアンレストラン	シャトレ／市役所
124	La Fontaine de Mars	フレンチレストラン	アンヴァリッド／エッフェル塔
130	Chez L'Ami Jean	フレンチレストラン	アンヴァリッド／エッフェル塔
130	Dông Phat	ベトナム料理	アンヴァリッド／エッフェル塔
130	Bellota-Bellota	生ハム／レストラン	アンヴァリッド／エッフェル塔
130	Les Cocottes	フレンチレストラン	アンヴァリッド／エッフェル塔
130	Au Bon Acceuil	フレンチレストラン	アンヴァリッド／エッフェル塔
140	La Cantine de Quentin	フレンチレストラン／エピスリー	サン・マルタン運河
140	Family Affair	パスタ／麺	サン・マルタン運河
140	Le Phare du Canal	フレンチレストラン	サン・マルタン運河
148	Pom' Cannelle	カフェレストラン	サン・ルイ島
150	Mon Vieil Ami	フレンチレストラン	サン・ルイ島
150	Les Fous de l'Ile	フレンチレストラン	サン・ルイ島

🍴 軽食

15	Pierre Oteiza	生ハム	オペラ
24	Cuizines	軽食	オペラ
24	Cafés Verlet	カフェ	オペラ
30	Rose Bakery	オーガニックカフェ	マレ
34	Le Café Suédois	カフェ	マレ
50	Hôtel Daniel	アフタヌーンティー	シャンゼリゼ
53	Café Jacquemart André	サロン・ド・テ	シャンゼリゼ
54	Café Lenôtre	サロン・ド・テ	シャンゼリゼ
54	Boulangerie Cohier	パン	シャンゼリゼ
54	boulangépicier be	パン/惣菜	シャンゼリゼ
54	MIYOU	軽食	シャンゼリゼ
60	La Crémerie	エピスリー&ワインバー	サンジェルマン・デプレ
66	Huilerie Artisanale J. Leblanc et fils	オリーブオイル	サンジェルマン・デプレ
68	Bread & Roses	パン/ケーキ/惣菜	サンジェルマン・デプレ
72	Cour du Commerce Saint André	カフェなど	サンジェルマン・デプレ
81	La Mosquée de Paris	サロン・ド・テ	カルチエ・ラタン
86	The Tea Caddy	サロン・ド・テ	カルチエ・ラタン
86	Arold Traiteur	惣菜	カルチエ・ラタン
95	Le Petit Café	カフェ	バスティーユ
96	Morry's	ベーグル	バスティーユ
96	Pause Café	カフェ	バスティーユ
113	Nysa	ワイン	シャトレ/市役所
119	Jean-Bernard A.O.C.	ワインバー	シャトレ/市役所
134	Du Pain et Des Idées	パン	サン・マルタン運河
140	Chez Prune	カフェ	サン・マルタン運河
140	Sésame	スムージー/オーガニックカフェ	サン・マルタン運河
140	Bob's Juice Bar	カフェ	サン・マルタン運河
146	Berthillon	サロン・ド・テ/アイスクリーム	サン・ルイ島
149	La Ferme Saint-Aubin	チーズ	サン・ルイ島
150	La Charlotte de l'Isle	サロン・ド・テ	サン・ルイ島
150	La Petite Scierie	フォアグラ	サン・ルイ島
150	Boulangerie des Deux Ponts	パン	サン・ルイ島

🍰 お菓子

12	La Grande Duchesse	クッキー	オペラ
31	La Chocolaterie de Jacques Genin	チョコレート/サロン・ド・テ	マレ
42	myberry	フローズンヨーグルト	マレ
66	Patrick Roger	チョコレート	サンジェルマン・デプレ
67	Debauve & Gallais	チョコレート	サンジェルマン・デプレ
71	Le Bac à Glaces	アイスクリーム	サンジェルマン・デプレ
74	Grom	ジェラート	サンジェルマン・デプレ
74	Pascal Caffet	チョコレート/ケーキ	サンジェルマン・デプレ
74	Jean Charles Rochoux	チョコレート	サンジェルマン・デプレ
82	Carl Marletti	ケーキ	カルチエ・ラタン
96	Blé Sucré	ケーキ/パン	バスティーユ
106	A l'Etoile d'Or	お菓子のセレクトショップ	モンマルトル
106	Les Petits Mitrons	タルト/パン	モンマルトル

116	Pralus	チョコレート	シャトレ／市役所
116	Berko	カップケーキ	シャトレ／市役所
120	Stohrer	ケーキ	シャトレ／市役所
120	Pain de Sucre	ケーキ／パン	シャトレ／市役所
126	Secco	ケーキ／パン	アンヴァリッド／エッフェル塔
127	A La Mère de Famille	チョコレート	アンヴァリッド／エッフェル塔
130	Christophe Roussel	マカロン／チョコレート	アンヴァリッド／エッフェル塔
130	Lemoine	カヌレ	アンヴァリッド／エッフェル塔

洋服

24	Cotélac	レディス	オペラ
28	Merci	コンセプトショップ	マレ
38	Please don't	レディス	マレ
39	La jolie Garde-Robe	ビンテージ	マレ
42	Culotte	セレクトショップ	マレ
42	Corinne Sarrut	レディス	マレ
49	LE 66	セレクトショップ	シャンゼリゼ
62	IRO	レディス	サンジェルマン・デプレ
74	Jüli	セレクトショップ	サンジェルマン・デプレ
72	Le Corner des Créateurs	セレクトショップ	バスティーユ
90	French Trotters	セレクトショップ	バスティーユ
93	Anne Willi	レディス／子供服	バスティーユ
96	Des Petits Hauts	レディス	バスティーユ
96	Sessùn	レディス	バスティーユ
103	Chinemachine	古着	モンマルトル
106	Séries Limitées	セレクトショップ	モンマルトル
130	Zico	セレクトショップ	アンヴァリッド／エッフェル塔
136	WOWO	子供服	サン・マルタン運河
137	renhsen	ジーンズ／セレクトショップ	サン・マルタン運河

小物

18	Stéphanie Césaire	バッグ	オペラ
20	Jérôme Gruet	バッグ	オペラ
37	Brontibay	バッグ	マレ
38	Matières à réflexion paris	バッグ	マレ
42	Junco Paris	アクセサリー	マレ
42	Pauline Pin	バッグ	マレ
42	Un Jour Un Sac	バッグ	マレ
106	Emmanuelle Zysman	アクセサリー	モンマルトル
110	jack gomme	バッグ	シャトレ／市役所
119	Tamano Paris	靴	シャトレ／市役所
120	Passage du Grand Cerf	アクセサリーなど	シャトレ／市役所
140	Médecine Douce	アクセサリー	サン・マルタン運河

雑貨

14	Emile Henry	食器	オペラ
15	Durance	アロマ／コスメ	オペラ
24	La Compagnie de Provence	石鹸	オペラ
24	Astier de Villatte	食器	オペラ

31	Lieu Commun	デザイン小物	マレ
36	Entrée des Fournisseurs	手芸	マレ
46	Caron	香水	シャンゼリゼ
54	Publicis Drugstore	コンビニ／おみやげ	シャンゼリゼ
62	MEMO	アロマキャンドル	サンジェルマン・デプレ
64	Pixi & Cie	フィギュア	サンジェルマン・デプレ
67	Artès	ノート／文房具	サンジェルマン・デプレ
70	Bonton Bazar	子供服／インテリア	サンジェルマン・デプレ
74	Eva Lauren	インテリア小物／アクセサリー	サンジェルマン・デプレ
74	Comptoir de Famille	食器／インテリア小物	サンジェルマン・デプレ
86	Dyptique	アロマキャンドル	カルチエ・ラタン
92	Loulou Addict	インテリア／雑貨	バスティーユ
94	Les Fleurs	インテリア雑貨／アクセサリー	バスティーユ
95	Lilli Bulle	子供のセレクトショップ	バスティーユ
96	delphine pariente	アクセサリー	バスティーユ
100	Galerie Saint Georges	アンティーク	モンマルトル
105	Natasha Farina	雑貨／アクセサリー	モンマルトル
106	L'Objet qui Parle	アンティーク	モンマルトル
120	Patyka	オーガニックコスメ	シャトレ／市役所
120	Fleux	インテリア	シャトレ／市役所
128	Florame	アロマ／コスメ	アンヴァリッド／エッフェル塔
140	idéco paris	雑貨／おみやげ小物	サン・マルタン運河
150	Au Soixante	雑貨	サン・ルイ島
150	L'Ile Flottante	おみやげ小物	サン・ルイ島
150	Pylones	文房具／キッチン小物	サン・ルイ島

カルチャー

16	Musée des Arts Décoratifs	美術館	オペラ
24	Pinacothèque de Paris	現代美術館	オペラ
54	Petit Palais	パリ市立美術館	シャンゼリゼ
86	Muséum National d'Histoire Naturelle	博物館	カルチエ・ラタン
102	Musée de la Vie Romantique	パリ市立美術館	モンマルトル
119	Librairie Scaramouche	映画書籍専門店	シャトレ／市役所
120	Milk	ネットカフェ	シャトレ／市役所
138	Potemkine	DVD	サン・マルタン運河

ホテル

23	Hôtel Daunou Opéra	★★★	オペラ
32	Hôtel du Petit Moulin	★★★★	マレ
53	Hôtel Royal Magda Etoile	★★★	シャンゼリゼ
63	Hôtel Odéon Saint Germain	★★★	サンジェルマン・デプレ
80	Hôtel Saint Jacques	★★	カルチエ・ラタン
93	Hôtel Baudelaire Bastille	★	バスティーユ
117	Hôtel Duo	★★★	シャトレ／市役所
129	Hôtel de la Motte Piquet	★★★	アンヴァリッド／エッフェル塔
139	Hôtel Moris	★★★	サン・マルタン運河

トイレ

49	Point WC	トイレ	シャンゼリゼ

おわりに

パリに暮らして気づいたのは、パリジャンたちはよく歩く、ということ。それは、メトロ代をケチっているわけでも、健康のためでもなく、パリという街が自然とそうさせているのかもしれない……と思ったのがこの本を作るきっかけでした。

そして、私たちが歩き慣れたコースを中心に、歩いて楽しめるパリのガイドができあがりました。初めて来る人には、小さなエリアにいろんな見どころが集まっているパリの魅力を感じてもらい、何度も訪れている人には新しい発見をしてもらえるよう、お店のセレクトにもこだわりました。パリの街角を歩いているような感覚でこの本を楽しみ、最後のページをめくり終えたときに、「パリって案外小さくて歩きやすいのね」と思ってもらえたらうれしいです。

すてきな瞬間をとらえて、パリの空気を伝えてくださったフォトグラファーの加治枝里子さん、私たちの文章を可愛らしいレイアウトで飾ってくださったデザイナーの石井佳奈さん、この本の軸となる地図製作を手がけてくださった山本眞奈美さん、そして、的確なアドバイスで最後まで支えてくださった大和書房の鈴木萌さんに、この場をかりて心より感謝いたします。

Mille mercis à tous les magasins et les restaurants qui nous ont chaleureusement accueillies.

2009年7月　パリにて
荻野雅代 ・ 桜井道子　カイエ・ド・パリ　http://www.cahierdeparis.com

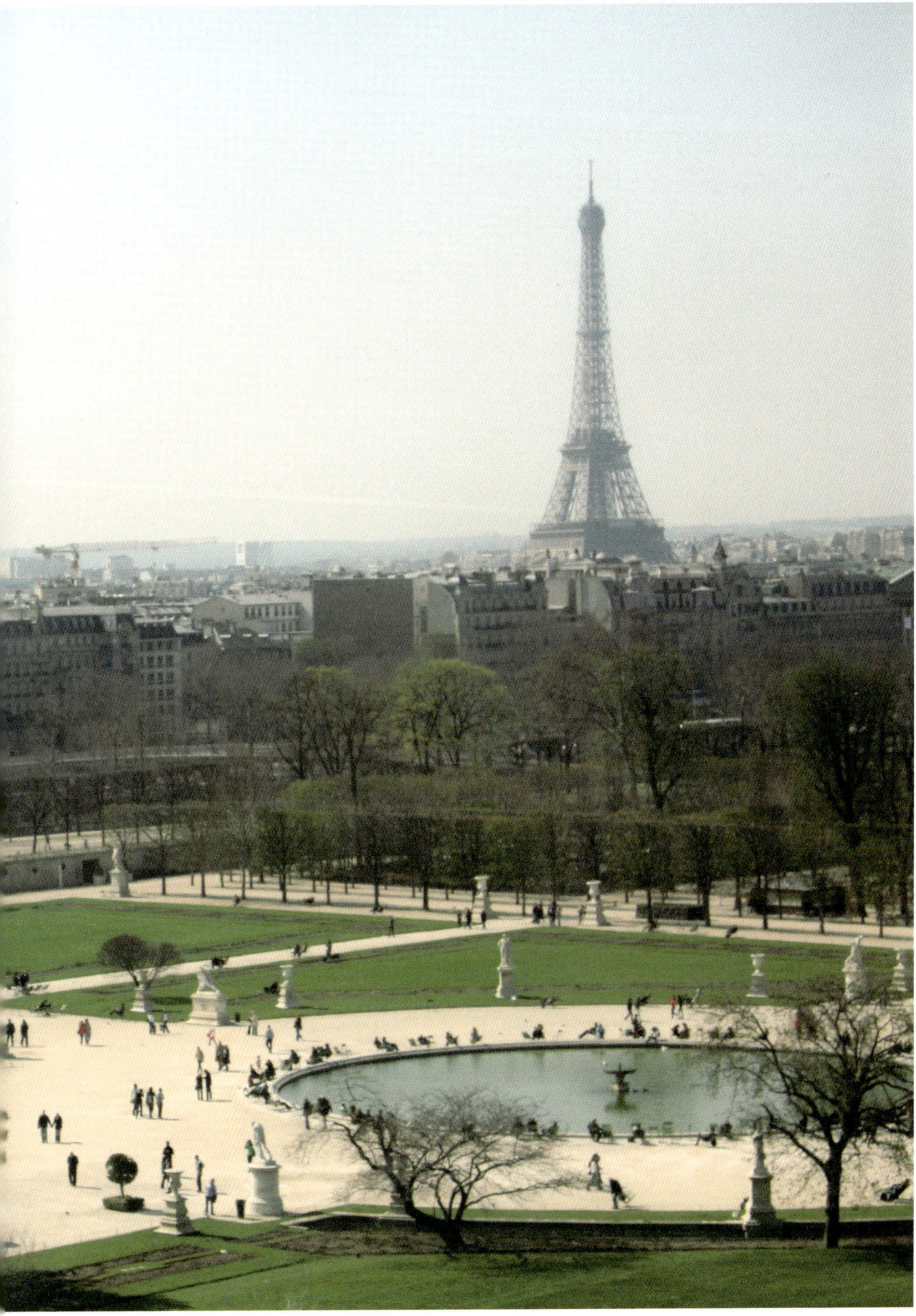

著者　Auteurs

荻野雅代　Masayo Ogino Chéreau
新潟県生まれ。高校時代からフランス映画と音楽をこよなく愛し、02年に念願の渡仏。ヌーヴェル・バーグからフレンチポップス、さらにはゴシップにも精通する、フランス人もびっくりのマニアぶり。最近はすっかりレンタル自転車ヴェリブにはまり、危なっかしいと周りをはらはらさせながらも、パリの街を走り回っている。

桜井道子　Michiko Sakurai Charpentier
京都府生まれ。96年の語学留学をきっかけにフランスにはまり、00年からパリ在住。仕事柄、そしてプライベートでもパリの街歩きが大好きで、週末ともなればまだ知らないカルチエを求めてパリのいたるところに出没。無類の食いしんぼうでもあり、おいしいもの探しのアンテナをいつも張りめぐらせている。

Cahier de Paris　カイエ・ド・パリ
http://www.cahierdeparis.com
パリ在住の日本人ふたり組（荻野雅代、桜井道子）が立ち上げたパリとフランスの情報サイト。ブティックやレストランなどの観光情報はもちろん、日々のちょっとした発見やうれしい出会いを大切に綴っていく「パリのノート（Cahier）」。パリの天気を毎日の服装で伝える「おしゃれメテオ」など、独自の目線でフランスの素顔をお届けする。日本にいながらパリを旅するような気分が味わえるサイトとして、フランスマニアからも高い支持を得ている。著書に『パリでひとりごはん』（ソフトバンク クリエイティブ）、『パリでかわいいものさがし』（毎日コミュニケーションズ）がある。

写真　Photographe
加治枝里子　Eriko Kaji (www.erikokaji.com)

デザイン　Graphiste
石井佳奈　Kana Ishii
石田百合絵　Yurie Ishida
（ME&MIRACO　www.meandmiraco.com）

地図製作　Réalisation des cartes
山本眞奈美　Manami Yamamoto (DIG.Factory)

カバー写真協力　Photo de couverture
Bread & Roses (P68)

Tous nos remerciements à
Diane Arouf Ducroq
Valère Chéreau
Franck Charpentier

歩いてまわる小さなパリ

2009年8月20日　第1刷発行
2011年9月1日　第8刷発行

著者　　カイエ・ド・パリ編集部　荻野雅代　桜井道子
発行者　佐藤 靖
発行所　大和書房　東京都文京区関口1-33-4　〒112-0014
　　　　電話 03-3203-4511　振替 00160-9-64227

印刷所　歩プロセス
製本所　ナショナル製本

©2009 Masayo Ogino, Michiko Sakurai Printed in Japan
ISBN 978-4-479-78199-8
乱丁・落丁本はお取り替えします。
http://www.daiwashobo.co.jp

本書に掲載している情報は、2009年6月現在のものです。
お店のデータや料金など、掲載内容が変更される場合もございます。お店の変更情報については、こちらをご覧ください。
http://chiisanaparis.blog67.fc2.com